Ich bin zufrieden müde, doch wie schon außen steht - glücklich! Ja, Sie werden sich fragen und?
Ist das alles? Meine Antwort ist - ja !
Was wollen wir mehr ? Was bedeutet Glück – Glücklichsein?
……………………………………..zwischen diesen Zeilen sind ca. 8 Stunden vergangen,(das kann ja lustig werden mit dem Schreiben) in denen ich normale Pflichten erledigt habe und vor allen Dingen gelebt habe.
Um Sie nicht ganz durcheinander zu bringen – von vorne.

Ich bin im Grunde, ein positiver realistischer Träumer – Gott sei dank ein Gerechtigkeitsdenkender Mensch – oder soll ich lieber sagen - leider?
 Wer die Menschen vom Wert her gleich sieht und liebt – versucht fair und gerecht zu sein, Gefühle offen zeigt, wird entweder als verrückt, blöd, belächelt, oder einfach gesagt, auch oft verletzt!
Wie Sie später lesen werden, hatte das bisherige Leben viele Hürden, Prüfungen, gerade auch was Gesundheit angeht, für mich.
Ich musste - durfte lernen, Entscheidungen für oder gegen mich und dem Leben zu treffen.
Ich durfte lernen zu kämpfen und darüber bin ich sehr dankbar!
Das was ich dadurch schönes erleben durfte und hoffentlich noch lange genießen darf und kann, ist unbeschreiblich. Es hat sich alles so gelohnt!!!
Dankbarkeit ist bestimmt eine der großen positiven Attribute, die ein Mensch haben kann.

Seitdem ich versuche vieles oder alles so einfach wie
möglich zu lassen, doch das sogenannte „Normale"
nicht als selbstverständlich zu sehen, sehe ich das
Leben bewusster, schöner, positiver und farbenfroher
– das heißt „ ich lebe" !

Da ich nicht weiß, ob es allen oder einzelnen Recht ist,
wenn Sie namentlich benannt werden, werde ich die
Situationen mit den dazugehörigen Menschen
umschreiben, frei erfundene Namen einsetzen –
versuchen keinem zu Nahe zu treten oder indirekt zu
verletzen - **noch möchte ich jemanden bewusst
kompromitieren !**

**Ich weiß, dass das was die wenigsten Menschen
glauben oder hören wollen - „ die Wahrheit" ist!**

Ehrlich gesagt, fällt es mir dazwischen auch schwer,
denn wenn das Ego kratzt, wird es von den Gefühlen
her ungemütlich.
Verzeihen Sie mir meine Gedankensprünge, doch
ohne Zeitsprünge, mit den dazugehörigen Gefühlen,
Gedanken = Erfahrungen geht es nicht!
Wir leben jetzt und heute und darum ist dies die
wichtigste Zeit, mit der ich jetzt endlich anfangen
sollte.

Kurze momentane Standortbestimmung, meines
momentanen Lebens:
Ich bin jetzt 53 Jahre alt – lebe und liebe meine zwei
Kinder, Lebensgefährtin (weiß, es heißt richtig
Lebensabschnittsgefährtin – was bei meinen

bisherigen Erfahrungen, auch richtig ist) und meinen
überaus lieben und treuen Hund Oskar (dieser Name
stimmt, er hat es mir erlaubt, seinen Namen zu
erwähnen) .
Das ich meine Eltern, Geschwister ...... sehr liebe, ist
ehrlich so!
Für mich normal, aber wenn man so herum schaut,
rumhört, Medienberichten glaubt, wiederum nicht
selbstverständlich!

Denke, wenn jeder den anderen so respektvoll,
aufmerksam behandeln würde, wie er wüscht, dass
man Ihn behandelt, wäre die Menschheit und die Welt,
ein Traum.
Fazit: Es wird ein Traum bleiben!!!
Ein Freund sagte mir letzthin einen Spruch von -
ich denke es war sogar Einstein - der sagte:

**Ob das Universum Grenzen hat, weiß ich nicht
oder bin ich mir nicht sicher – doch ich weiß, dass
die Dummheit vieler Menschen grenzenlos ist!**

Hart, ab er leider wahr.
Ich hatte schon um 5 Uhr ausgeschlafen – ging runter
und befreite das Auto meiner Lebensgefährtin von
Schnee und Eis, damit Sie auf die Arbeit fahren kann.
Anschließend sah ich nach Oskar, der Gott sei dank

noch ruhig schlief.

Gott sei dank ? Er ist, im Gegensatz zu mir, ein Langschläfer. Doch die Tatsache das er vor ca. 3 Wochen einen vergifteten Hundeköter, in einer benachbarten Stadt erwischt hat , – am 1 Advent zum ixten Male von einem anderen Hund stark gebissen

wurde, da kann oder muss man sich schon etwas sorgen.

Ein Tier ist wie ein Kind- auf die Liebe, Pflege und Hilfe des Herrchens / Frauchens angewiesen. Beim Kind sind es halt die Eltern oder ein Teil davon oder Oma oder Opa, oder Beide, oder Tante oder , oder …..na irgendwer wird dem kleinen Balg schon die unbedingt nötige Zuneigung, Liebe, Gefühle …Zeit geben, die es braucht, um sich entwickeln zu können! Entwickeln???? Positiv oder Negativ? Problemorientiert oder lösungsorientiert ? Positiv lachend oder traurig weinend? Innerlich zufrieden und glücklich oder mit Schmerz und Hass erfüllt?

Das was man denkt und fühlt, wird zu Worten und Taten und das was man ausstrahlt, zieht man an - das ist Fakt!

Das ist ein Gesetz des Universums, dass mit Intelligenz oder sonst was nicht zu umgehen oder zu überlisten ist. Es wäre, wie vieles im Leben einfacher, wenn die Menschen es einfach lassen würden und sich einfach öfters fragen würden – WARUM?

Legen Sie Alle vergiftete Hundköter aus und lassen sie ihren Hund(falls Sie einen haben) trotz mehrfacher Bitte meinerseits, von der Leine um voller Risiko und Unsicherheit zu sehen, wie er reagiert und, wie bei Oskar, zubeißt ?
Es ist nur ein kleines, kürzlich ereignetes Beispiel – eins von ....
....
.... wie war das mit der Unendlichkeit des Universum und der Dummheit gewisser Menschen?

Sie werden sich, mit Recht fragen, was ist der Autor selbst für ein Mensch – wie ist er aufgewachsen – ist er selbst innerlich zufrieden und glücklich, dass er so schreibt? Ich kann SIE BERUHIGEN!

Erstens: Es sind Erfahrungswerte **meines** bescheidenen, aber aufregenden, bisherigen Lebens, dass ich nutzen und lernen durfte, meine positive Einstellung und Charakter selbst zu formen und zu entwickeln.
Vielleicht sagen Sie jetzt: na eingebildet ist der gar nicht! **Sie haben recht!**
Ich habe auch hart lernen dürfen, dass das Leben zwar schön und aufregend ist, aber auch ungerecht und hart sein kann, wenn man gewisse Spielregeln nicht einhält.

Ob du glaubst, dass du etwas bist oder kannst – oder ob du glaubst ,dass du etwas nicht kannst oder bist – DU HAST IMMER RECHT!

Zweitens: menschliche, positive Einbildung ist auch Bildung – sicher für das Selbstbewusstsein und dem eigenen Wohlfühlen, gerade von Kindern und auch vielen Großen wichtiger, als Integralrechnen oder sonst was ausserirdisches zu können.

Wie kann ich das sagen?

Drittens: Ich stamme aus einer Lehrerfamilie und Lehrer haben immer recht! Ende!
 Nein, dass ist und wahr Spaß!

Na ja gut „ a bissl Wahrheit" ist auch dran. „ A bissl Wahrheit „ ist an Allem dran, nur wie sehe ich es und wie gehe ich damit um? Eben !
Sie haben jetzt schon dazu gelernt, wenn Sie zu der Frage was denken!
Denn mit Ihrem Denken und Gedanken, haben Sie, nach dem vorherigen Satz mit Glauben und Recht haben…., bestimmt recht!
Ihre Gedanken bestimmen auch automatisch Ihre Gefühle. Probieren Sie es selbst aus.
Denken Sie fest an ihren letzten schönen Urlaub – an freudige Ereignisse mit Kindern, Menschen, Partner, Anerkennung und Lob von anderen….wie fühlen Sie sich? Sicherlich gut oder auf Deutsch „ „sauwohl"!

So und jetzt denken sie an den Verlust von geliebten Menschen, Streit, Jobverlust und unbezahlbaren Rechnungen…..fühlen Sie sich auch noch „sauwohl" und gut? Bestimmt nicht!

Wenn ja, sind Sie ein emotionaler „Büffel" – gehen über Leichen um Ihres zu erreichen oder Sie gehören zu der Gattung „der Größe des Universums und der Dummheit gewisser skrupelloser Menschen an."

Leider sind diese Spezies, in jeder sozialen Schicht und überall vorhanden. Da unterscheiden sich auch Männlein und Weiblein nicht und ich frage mich immer „WARUM" hat sich der oder die so entwickelt und warum haben sich andere, die weit schlechtere Konditionen oder gleiche, ja sogar bessere Konditionen in Ihrer Kindheit , schulischen Ausbildungsmöglichkeiten , Elternhaus, ohne gesundheitlichen Hindernissen hatten……positiv menschlich, sozial entwickelt und andere eben so - negativ?

 Für die Menschheit und dem sozialem Gefüge im Team – Leben und leben lassen kontraproduktiv!

Dieses Phänomen ist sogar bei Geschwistern und mehreren Kindern in einer Familie zu beobachten, die möglichst zu selben Konditionen gleichberechtigt und gleich geliebt, aufgewachsen sind.

Also an was liegt es?

Ich denke, es liegt wiederum an jedem von uns selbst. Mit was ich mich befasse – was ich ausstrahle, Menschen, Umfeld, Arbeitsbedingungen usw. ziehe ich an, ohne dagegen was machen zu können.

Mein Denken –meine Gedanken – meine Gefühle – mein Input an Informationen – negativ oder positiv bestimmen mein Leben. Es ist so!
Und so, wie ich selbst bin – fühle –denke –spreche und handle ich - dass genau - das gebe ich weiter!

Wiederum positiv oder negativ.

Es ist total unlogisch(was ist schon logisch?) wenn ich Kot esse kann ich nicht erwarten, dass bei der nächsten morgendlichen Defäkation Gold rauskommt .
So ist es beim Menschen auch.
Neid, Groll, Ärger, negative Nachrichten…Pessimismus und dann freundlich, lächelnd, positiv…. sein?
Geht nicht, oder nur äußerlich gespielt.
Wenn man es - eigentlich alles - einfach lässt – ist es für jeden zu verstehen, warum das Universum vielleicht oder sicher Grenzen hat und die Dummheit gewisser Menschen sich unendlich fortsetzt!

Das Baby-Klein-Schulkind –spätere Jugendliche, Tiere, Natur…können noch nichts dafür - jeder wird gleich - und zwar nur GUT geboren – ausgestattet mit allen Anlagen, um ein glückliches und zufriedenes Leben zu führen!

Hier ist, für mich, der richtige Zeitpunkt, meinen ELTERN MAL TÜCHTIG ZU DANKEN!!!!!

Mein Vati & meine Mutti lernten sich beim Studium in jungen Jahren kennen.
Nach dem damaligen Kurzstudium für den Lehrberuf, bekam mein Vati eine Stelle in einem damaligen mehr oder minder unbekanntem Dorf, mit ca 250 Einwohner.

Direkt daneben war die Grenze zu Tschechien. Mein Vater war in einer mittleren Großstadt geboren.
Meine Mutti, wo sich auch Beide beim Studium meines Vaters kennenlernten, in einer Stadt, mit damals vielleicht 15 -320 .000 Einwohner.
Meine Mutti war früher auch erfolgreich und gerne arbeitend.

Verliebt - geliebt -geheiratet und nach den alten Paradigmen und Regeln, war es klar, dass Sie Beide, die neue Herausforderung in dem „unbekanntem Dorf" annahmen.

Schnell mal etwas zurückgerechnet, müsste auch mein etwas älterer Bruder, zu der Zeit, die Rennbahn im Rückenmark meines Vaters verlassen haben , um im Bauch meiner Mutti zu gedeihen.

Sie verzeihen mir meine, für manche vielleicht etwas deutliche - für wieder andere etwas vulgäre Ausdrucksweise.
Soll ich ihnen mal was flüstern? Sie haben recht und es ist mir egal, da auch ich glaube, dass Sie recht haben.
 Ich will es kurz vorwegnehmen, dass mich gewisse Erfahrungen, ca 30 Krankenhausdienst, davon als

Fachpfleger 21 J nur Intensivstation, etwas sehr geprägt haben.(Vorsichtig ausgedrückt)

Trotzdem oder gerade deshalb, habe ich die Würde, Respekt an und für jeden Menschen, Tier, Naturschönheiten, Umwelt… ob klein oder groß – jung oder alt nie verloren!!!

Zurück zum Tatbestand. Wie schon gesagt, war das Dorf das neue Wirkungsterritorium meines Vaters, für seine erste Lehrtätigkeit.
Stimmt das Lehrtätigkeit – oder Leertätigkeit?
Manchmal ist die deutsche Sprache und Rechtschreibung schon kompliziert.
Neee, wiederum Spaß.

Mein Vater, damals noch nicht einmal 25 Jahre alt, nahm diese, wie auch jede Herausforderung, auch die Erziehung von uns sehr ernst und versuchte möglichst alles perfekt zu machen.
Versuchte, ist das richtige Wort, denn es gibt keine perfekte Erziehung.
Ich denke heute, dass grösste Ziel in einer Erziehung, ist es, wenn ich meinen Kindern die Angst nehme, irgendetwas nicht zu können oder was Sie machen und wünschen, nicht erreichen zu können!

Schuster bleib bei deinen Leisten – du hast nur Volksschule und den ganzen alten Quatsch, der noch meist in der Menschheit rumschwirrt und der sicherlich von den meisten Menschen, Chefs auch noch gilt.

Schon, als nicht einfaches Kind, da ich damals schon immer zu Streichen, Lachen und Blödsinn neigte, bestätigte mein damaliges „unterbewusstes" und heute mein bewusstes Wissen:

Glücklichsein werden die, die aufhören perfekt sein zu wollen, oder die aus gewissen Gründen nie perfekt sein könnten, selbst wenn Sie wollten!

Gott sei dank sind das die meisten Menschen.
Es geht alles vom Kopf und Denkmustern aus.
Klar, brauchen wir intelligente Menschen, die fähig sind , Träume zu verwirklichen, Wissen weiterzugeben und zu realisieren.
Wie ich jetzt auf Träume komme? Für mich logisch einfach.
Alles, aber auch alles was wir haben, benützen, lehren, weitergeben, erfinden ….. entsprang ursprünglich einem Traum.
Da **kein** Mensch alles perfekt kann und weiß, gibt es andere Menschen. Jeder Mensch ist einzigartig und hat Fähigkeiten, die nur er kann.
Je nach Gedanken, Interessen, die Ihm , vom Grundcharakter her wichtig sind, Umfeld, Input entwickelt er sich.
Das können handwerkliche, wissens und emotionale Fähigkeiten und und …sein.

Für mich – meinen Respekt, meine Hochachtung hat derjenige, der sich als nichts Besonderes sieht, (gemeint ist von oben herab) wenn er was besonders gut kann, sondern der sich selbst fragt – was haben andere davon - von dem was ich weiß oder / und kann!
Wie bringe ich es rüber, ohne den anderen unbedeutend und klein zu machen?

Das ist, oder wäre, die Kunst, Herausforderung - wenn es mit der Menschheit und dem Miteinander besser oder gut laufen soll/sollte.

Mehr Menschen – Familie bis hin zum Wirtschaftsleben was ist das?

Ein Miteinander und ein gegenseitiges Probleme lösen - sonst gar nichts!

Doch da keiner allwissend und perfekt ist (obwohl viele es denken), es unterschiedliche gute und schlechte Charakteren gibt, werden auch diese, für viele normalen Dinge mit dem Ungang mit anderen Menschen, Tieren, Natur Illusion und Träume bleiben.

Da auch ich bestimmt nicht immer eine Ausnahme bin, muss und werde auch ich immer an mir arbeiten.

Eins kann ich sagen – bis auf ein paar kleine frühpubertäre Schlägereien und vielen sonstigem Blödsinn, habe ich meist nur mir selbst geschadet und daraus gelernt oder auch nicht.

Irgendwann sollte man aus mehrfach wiederholten Fehlern lernen, denn sonst tun Sie mal sich und vielleicht anderen Menschen, dadurch empfindlich weh.

Wer will das schon, wo wir doch alle so super brav sind!?!

Dabei spielen das Unterbewusstsein und das eigene Gewissen eine große Rolle.
Man hört, sieht, liest und erlebt es jeden Tag im Umfeld und mehrfach in den bekannten Medien.
Wiederum Menschen, jeglicher sozialen und Positionsschicht betroffen. Warum ?

Neid, Macht, Gier …..der Charakter und das berühmte Geld lassen es zu, dass sich viele Menschen, eben so „ruhmvoll" entwickeln.

Denke, die Phönizier haben das Geld als Zahlungsmittel erfunden – ja, aber warum nur so wenig, für so viele?
Warum nicht gerecht aufgeteilt auf Alle?
Warum verdienen ca. 5 -?? % der gesamten Menschheit das Geld - was dann logischerweise 95 % -? aller Menschen erwirtschaften?

Sind die was Besonderes?

Nein, denke grundsätzlich sind alle mal gleich – jedenfalls bei Geburt - das normale Skelett und beim

morgendlichen Stuhlgang kommt auch bei allen dasselbe raus.
Sind gerade diese Menschen besonders intelligent oder skrupellos?
Es mag , wie überall Ausnahmen geben, doch ich denke, dass gerade diese Menschen mehr geben und sozialer denken - aufgrund Ihres Geldes mehr helfen können und auch tun , als viele andere!

Zudem, für mich, blöden Spruch: Geld verdirbt den Charakter – kann ich nur sagen:
Charakterlose Menschen sollten kein Geld haben!

Das das leider nicht immer der Fall ist, wissen wir alle.
Das gerade auch viele Menschen , die Geld haben, immer noch mehr Macht und Geld besitzen wollen, koste es was es wolle – und wenn es Menschenleben sind, wissen wir auch und diese Tatsache, werde ich zumindest, nie begreifen.

Menno, bei näherer Betrachtung festigt sich immer mehr der Zweifel, ob „Albertus Einstein" mit seiner Aussage zwecks Unendlichkeit des Universums in Relation zur Dummheit gewisser Menschen, nicht doch recht hat.

Gedankliche Zeitreise wieder ca. 50 Jahre zurück.
Es ist vieles normal, aber nicht selbstverständlich, doch meine Mutti stellte sich genauso der Herausforderung im „Schlaraffenland."

Ironie des Schicksals!

Natürlich auch für meine junge Mutti, als zukünftige werdende Mutter, ideal.

Ca 250 Einwohner – im Winter Kleinsibirien – Vergnügungs- und Entwicklungsmöglichkeiten ohne Ende – Auto sowieso nicht, was ist das? ....ein Feldweg, wo die eine Hälfte deutsch , die andere tschechisch war und, und........ aber unberührte, von einigen Bauern bestellte Natur pur, soweit das Auge blickt.

Halt nicht ganz richtig.

Haben sie schon einmal was von den dichten, dadurch dunklen, Oberpfälzer, böhmischen Wäldern gehört?

Die gab es auch genug.

Die richtige Umgebung, um glücklich und zufrieden zu sein?!?

Für meine Mutti weiß ich heute und fühlte es damals als Kind schon öfters - nicht so wirklich!

Man verändert im Laufe seines Lebens die Einstellungen, Ansichten – zumindest sollte man das auch.

Für uns Kinder, mit der kleinen Denk und Weltansicht, war es ein Traum.

Wir konnten uns die ersten acht Jahre super spielend entwickeln und frei aufwachsen.

Zumindest ich war ca. acht Jahre, als mein Vater eine Rektorstelle in einer Stadt angenommen hat

Für mich war es schon die große Stadt, weite Welt, obwohl es auch nicht einmal ca. 5000 Einwohner hatte – manche sagen auch Kuhdorf dazu.

Bevor ich wieder gedanklich nach dem böhmischen Kleinsibirien und unserer ersten Kindheit zurückkehre – eine Frage :

Wie oft haben Sie schon grammatikalische – Satzbau oder andere Fehler entdeckt, die Ihnen auffielen oder sogar störten?

Mein Rat **! Hören sie auf mit dem Lesen!!!**

Sie denken, sind vielleicht perfekt und wissen viel , doch gerade das ist für die Toleranz und mit der Tatsache, dass jeder Mensch gleichviel wert ist, eine sozial, menschlich - für mich gefährlich, persönliche Eigenschaft!!!

Erworben oder angeeignet – egal – es ist gefährlich!

Man steckt Menschen automatisch in eine Schublade. Wenn Sie erstmal drinnen sind, ist es oft sehr schwer wieder rauszukommen – geschweige, sich speziell in der deutschen Gesellschaft zu behaupten bzw zu etablieren.

Eins ist trotzdem 100%ig sicher. Wir hatten im Dorf eine unbeschwerte, super Kindheit!

Die Eltern nahmen sich Zeit für uns – zeigten und spielten viel mit uns und ließen uns aber auch genug

Freiheiten, damit wir unsere eigenen Erfahrungen machen konnten!
Wären wir keine normalen Kinder gewesen, hätten wir das nicht ausgenutzt, um auch etlichen unbedachten Unfug, Blödsinn und auch richtigen Scheiß zu bauen.
Gott sei dank!

Es ist wie im Erwachsenenalter – man lotet seine Grenzen und die Belastbarkeit, wie bei uns Kindern mit den Eltern, aus. Wie weit kann man gehen?

Der Unterschied ist, dass man es als Kind unbewusst macht. Die Reize des Risikos des Neuen unbedingt kennenlernen und ausprobieren möchte.
Das ist aber eine Erfahrung, wo ich meinen Eltern wieder danken muss!
Denn viele andere, besonders Stadtkinder – Kindern zu denen man dauernd sagt, das darfst, kannst ,sollst du nicht , für die man keine Zeit hat….können sich bestimmt super frei entwickeln und ein Selbstbewusstsein aufbauen, dass sich im späteren Leben im Privaten - Beziehungen, Beruf und auf deren Kinder bestimmt positiv überträgt.

Upps - oder hab ich da was verwechselt?

Klar, habe ich da was verwechselt. Das sind und werden, dazwischen, die Spezies Mensch, die vergiftete Hundeköter auslegen – wegen allem eine Streiterei anfangen – Besserwisser, die immer Recht haben wollen – die Ehefrauen schlagen und betrügen(oder umgekehrt)- Morde wegen nichts begehen – andere bis zum Selbstmord mobben und und ….sich an Kindern vergehen …..auch da sind alle sozialen Schichten darunter.

Das ist also keine Frage der Herkunft oder des Berufsstandes, der Intelligenz, dass ist eine Frage des Charakters und Einstellung zum Leben, zu den Mitmenschen, Tieren und auch zur Umwelt / Natur.

Das ist eine Wertsache!!!

Die „Kleinen" machen genauso Scheiss , wie die „Großen" an der Macht – nur die Auswirkungen sind anders – halt kleiner.
Jemand bringt jemanden um – ein Toter.
Irgendwo fängt ein Staatsoberhaupt aus banalen gründen, und wenn es die Religion ist, einen Krieg an - viele Tote!

Vom Elend der Hinterbliebenen, Umwelt, Natur -, materiellen Sachen, die man aufgebaut und erschaffen hat - gar nicht zu sprechen.

Ok. – Er / Sie machen es wieder gut und viele Menschen hocken vor dem Fernseher / Medien und schauen/hören/lesen sich gerührt, vielleicht auch etwas kritisch doch interessiert an, wie der oder dieselben, die den Krieg in Auftrag gegeben haben, ehrfurchtsvoll später einen Kranz zum Gedenken der Toten niederlegt und dann noch ein paar trost spendende Worte zum Volk und den Trauernden sprechen. Na, prima!!!

Momentan Finanzkrise!
Suche nach Lösungen – Schuldzuweisungen –
Entlassungen der sogenannten Schuldigen.

Na, zu hart kann man das aber auch nicht machen.

Zur Anerkennung für früher geleistete Dienste
bekommen welche wenigstens noch 10.000 – 20.000-
30.000 oder noch höher.
Nein ,nicht einmalige Abfindung – monatliche,
vielleicht sogar lebenslange, „Restbezüge" !

Die Armen, mir kommen die Tränen.

Ich bin nicht der kompetente Mensch, der sich in
Politik , Gesetzgebung usw. auskennt – ehrlich gesagt
interessiert es mich auch nur peripher , dafür gibt es
zu viele gescheite Menschen, die es Dir erzählen .
Ja, reindrücken, ob Du es hören willst oder nicht.
Wieder einmal - Warum?
Sensationsgeil – Wichtigtuer?
Besser wissen es diese Menschen allemal und
gedanklich beschäftigen sie sich damit auch, sonst
würden Sie es gar nicht erwähnen.

**Aber können – wollen – würden Sie wirklich
sinnvoll, lösungsorientiert und dauerhaft daran
selbst was ändern, wenn Sie sie Möglichkeit
hätten?**

Akzeptiere das was du nicht ändern kannst/willst und ändere was du ändern willst und kannst – Du kannst es!

Da war halt, in unserem Dorf - damals - die Welt noch in Ordnung. Jedenfalls kannten wir noch nichts anderes in unserer kleinen Gedankenwelt.
In der Anfangszeit gab es meinen etwas älteren Bruder und mich.
Lehrer, wie auch Pfarrer usw, verdienten damals noch nicht viel, doch Sie hatten ein respektvolles, würdiges Ansehen bei den Menschen - Bevölkerung.
Wir Kinder hatten ein „Schloss" – nämlich ein eigenes kleines Haus, wo der Lehrer wohnte.
Halt, oben wohnte die Grundschullehrerin.
Die eigentliche Schule, damals von Klasse 1-8, waren fast räumlich nicht getrennt und ca. 30 Meter vom Wohnhaus entfernt.
 Also wiederum ideale Bedingungen für uns.
Unterhalb des Schulgebäudes war der Werk-Keller und Heizraum. Wenn also Dusch und echte Reinigungstage waren, mussten wir, bei Wind und Wetter, im Freien runter und rauf.
Manchmal nicht so prickelnd, doch das Gute - es härtet ab.
Außenrum war ein großes Areal – ein eigener kleiner Fußballplatz –Rasen und der Familiengarten.
Also, was will man als Kind mehr?!

Oben, unten Bauern – ein kleiner Tante Emma Laden am Ende des Dorfes, da wo die Grenze zwischen

Deutschland und der tschechischen Republik war.
Beim unteren Bauern - frische, meist noch warme
Kuhmilch, in der Blechkanne holen – im Tante Emma
Laden einkaufen gehen – ein paar Bonbons geschenkt
bekommen – und wenn man keine Grenzsoldaten sah,
voller Übermut eine Mutprobe bestehen und
tschechisches Gebiet schnell betreten , um dann mit
stolzem aber nicht so wohligem Gefühl (vollen Hosen)
wieder schnell rauszurennen und und …
es war aufregend für uns Kinder.
Wie in jedem richtigen Dorf, gab es natürlich auch
einen Dorfplatz mit Dorfteich, bei dem wir, verbotener
Weise, auch unser Unwesen trieben.
Alles Verbotene reizt.
Ich weiß es nicht mehr genau, ob es mein Bruder war
oder ich oder Beide – auf jeden fall sind wir auch mal
im Winter eingebrochen und reingefallen.
Hie und da ging auch mal ne Fensterscheibe zu Bruch
oder, oder….

Oben am Dorfplatz wohnte eine etwas betuchte, aber
doch sehr nette Familie.
Sie haben und hatten eine Fabrik, bei der viele vom
Dorf gearbeitet haben und sich auch, damals schon,
kleinere Bauern ein Zusatzeinkommen erarbeitet
haben.
Es waren gute Bekannte meiner Eltern, sonst hätten
Sie nicht öfters, bei Ihnen, nächtelang Karten gespielt.
Klar, gab es auch ein Dorfwirtshaus und etwas weiter
vom Dorfkern entfernt, eine Siedlung, wo es auch ein
Wirtshaus oder Gasthof gab.

Weder mein Vater, noch meine Mutter waren Wirtshausgänger – so das wir die Kneipen nur von Kinderfaschingsveranstaltungen usw. kannten.

Diese Firmenbesitzer hatten viel und waren in unseren Kinderaugen reich.
 Auch das erste „richtige" Auto und auch den ersten Fernseher im Dorf.
Der Sohn besaß ein Cabrio. Da wir noch keinen Neid und die anderen, nicht gerade guten Attribute gewisser Menschen kannten, standen wir nur da und bestaunten es mit großen Kinderaugen.
Das war auch mit vielen anderen Dingen so.
 Wir waren dankbar, wenn wir es anschauen konnten –vielleicht sogar mal reinsetzen und ein kleines Stück mitfahren durften, anstatt nur mit einem Trecker oder auf dem Gebäckträger des kleinen Mopeds, dass mein Vater besaß.

Alles war schön und so ist es auch heute noch!

Alles auf der Welt hat nur den Wert, den Du Ihnen oder der Sache gibst!

Heute definiere ich reich anders. Reich ist der, der innerlich glücklich & zufrieden ist – der Gefühle & Liebe geben kann, denn nach dem nicht beeinflussbaren Naturgesetz des Universums, zieht man das an , was man ausstrahlt.
 Es geht alles vom Kopf und seinen Gedanken aus.
Allein in den letzten Sätzen sind Worte wie staunen – dankbar sein….die wirklich philosophisch betrachtet

und gedanklich analysiert ein extra Buch füllen würden.

So viele Anschauungs- und Betrachtungsweisen, Facetten würde es geben.

Es gibt genügend Autoren, zu denen ich nie gehören werde – da schon der Name Autor und ich total übertrieben sind, die alles und jeden zerlegen und auch oft/meistens zerreden.

Ob Alle von dem was Sie schreiben, berichten und oft eine Stellung beziehen eine Ahnung haben?
Die ehrliche Wahrheit schreiben?
Das wovon Sie schreiben jemals erlebt, erarbeitet oder mitgemacht haben, sei dahingestellt.

Es ist eine ehrliche Bescheidenheit - ich will auch keinen Ruhm oder bekanntwerden, denn mir macht es momentan einfach Spaß zu schreiben und sonst gar nichts.

Ich bin dankbar, dass ich noch etwas denken und schreiben kann, denn ein Autounfall - die Unfallfolgen, die ich mit 17 Jahren unverschuldet hatte, machen oder machten es nicht selbstverständlich.

Also die guten Bekannten luden meine Eltern mal ein, um Ihnen den Fernseher vorzuführen. Es gab damals eh nur zwei Programme und nachdem Sie nicht gewusst oder vergessen haben, dass man den Bilddurchlauf auch stoppen kann, kamen meine Eltern nach ein paar Stunden heim und meinten, dass Fernsehen doch nicht soooo schön wäre.

Kleine Ursache –große Wirkung.

Uns interessierte und begeisterte mehr der Inhalt der Garage von den Bekannten.
Dort stand ein großes Fass, dass unsere Phantasie anregte.
Wird es Phantasie oder Fantasie geschrieben? Egal, Sie wissen was ich meine – es ist der Teil im Gehirn, der für Einfallsreichtum, Ideen, Kreativität, Ph(F)antansien, Visionen ….und damit fest mit den Emotionen des einzelnen Menschen zusammenhängt das heißt verbunden ist.

Auf heute bezogen - wie kann bei einem Kind /Menschen das zb stundenlang vor dem Fernseher / Pc sitzt, liegt, fläzt und berieselt wird , dieses sehr wichtige Teil des Gehirns gefördert werden?

Richtig, weniger bis gar nicht, denn es kennt die andere Seite des selbst Erlebens oft gar nicht.
Warum? Es wurde Ihnen gar nicht gezeigt und gefördert? Warum? Na, weil zb. Beide die Eltern arbeiten - wollen oder müssen und keine Zeit haben.
Warum? Weil es oft wichtiger ist, oder man meint es sei wichtiger, die dadurch oft fehlende Zeit durch materiellem Wohlstand – ein oder mehrfachen Urlauben usw. zu kompensieren. Warum alle Beide? Wenn die Kinder das Glück haben noch auf Beide Elternteile zurückgreifen zu können, ist es eben so.

Die Zahl der Alleinerziehenden und Geschiedenen ist hoch und wird höher, da man es sich und auch die Gesetze es immer einfacher machen. Warum müssen dann die Kinder und zukünftigen Erwachsenen drunter leiden und seelisch teilweise verkrüppeln oder verarmen ? Warum, warum , warum……

- hier ist die Fernbedienung des Fernsehers und hier der Knopf für den Pc. und jetzt sei ruhig - **ich brauche auch meine Zeit und etwas Ruhe!**

-

Eine kurze Frage an die Erwachsenen:
Das Zeugen, der Geschlechtsakt hat Spaß gemacht? Ja? dann bin ich ja beruhigt und es ist alles ok!

Verantwortung?!? Hoffe, Sie wundern sich nicht über vergiftete Hundeköter, kriminelle Taten aller Art – Kriege, Ungerechtigkeiten…… was man sät erntet man.
Das wussten und wissen schon die einfachen Bauern.
Das bekannte Prinzip von "Ursache und Wirkung" sagt aus: ernten kannst du nur das, was du gesät hast. Wenn du Disteln säst, wirst du Disteln ernten. Wenn du Korn säst, wirst du Korn ernten. Wenn du Freundlichkeit, Liebe und Lächeln sähst, wirst du Freundlichkeit, Liebe und Lächeln ernten. Wenn du Begeisterung sähst, wirst du Begeisterung ernten. Alles was du säst, wirst du ernten.

Neben der erforderlichen Vorleistung, wie den Acker pflügen und eggen, das Korn zum Säen haben, das

Korn säen... braucht der Bauer zusätzlich Geduld, ein Samenkorn braucht auch Zeit um zu wachsen und zur Kornähre zu reifen. Ein Sprössling braucht Zeit um ein Baum zu werden.
Beachte:
Willst du glücklich, erfolgreich, wohlhabend, zufrieden, gesund sein – dann denke so, spreche so, arbeite so, gib dich so und sehe auch so aus.

Ich denke der Großteil der Menschen, die diese Zeilen lesen bzw. lesen würden, wären von sich überzeugt, dass Sie alles richtig machen und gemacht haben.

Das Problem liegt in der Wahrnehmung.

Jeder Autofahrer ist felsenfest
davon überzeugt, ein sehr guter Fahrer zu sein. Für ihn sind es immer die anderen, die nicht fahren können
.
 Diese verzerrte Wahrnehmung ist einer der Gründe, warum gerade viele Menschen mit der Erziehung Probleme haben.
Stimmt nicht – Probleme haben die Kinder, die später mal Problemkinder und Problemerwachsene werden, die vergiftete Hundköter auslegen und und ...
Gefängnisse füllen.
Sorry, ich weiß, diese Spezies Mensch sucht nur die Gemeinschaft, etwas Nestwärme und geregeltes, gemeinsam eingenommenes Essen und ein beheiztes Zuhause.

Das ist in der Zeit der zunehmenden Öl, Strom und Gaspreise nicht selbstverständlich und ein lohnendes Ziel, für das man schon etwas anstellen kann.
Ob es negativ oder positiv im Sinne der sozialen Solidarität ist, ist egal – man macht was!

Viele produzieren nicht gleich sichtbare, auf große Worte und Versprechungen, Getratsche und Gelaber fundierte große Kothaufen, die leider oft von der Masse als Goldgrube angesehen wird.

Zurück zu unserem Interesse am Fass in der Garage der Bekannten meiner Eltern.
Vielleicht war es die Vorstellung Feuerwehrleute sein zu dürfen oder einfach nur unbedachter Spaß an der Sache – wer gepumpt und wer mit dem Schlauch gespritzt hatte, weiß ich auch nicht mehr – auf jeden fall pumpten und spritzten wir das in dem Fass befindliche Benzin den kleinen Berg runter, stolz, auf die Straße.
Die Anerkennung und der Stolz auf unsere Leistung seitens unserer Eltern, war gelinde ausgedrückt, sehr mäßig!
.
Gerecht oder ungerecht ? Nach heutiger Erfahrung gerecht.

Heute würden zig Autos vorbeifahren – darunter bestimmt einige Raucher, die ihre Kippe aus dem Fenster schnippen und dann?
Glück gehabt! Apropo Glück ? Was ist Glück?
Glück gibt es vielleicht im Märchen!

Lottoglück? Angesichts der Tatsache, dass nachgewiesen Lottomillionäre, nach ein paar Jahren oft weniger Geld haben ,als vorher.
Also Geld allein, ist es nie und nimmer….ist das das wahre Glück/ Glücklichsein?
Bestimmt nicht – ich denke Glück muss man sich wünschen, erfühlen, erdenken und dann erarbeiten .
Es basiert auf einer positiven Grundeinstellung zu sich und zum Leben, dem richtigen Input und dem richtigen Umfeld, Interessen und der Tatsache Missgeschicke, Unglücke….als Chance, für einen besseren Neuanfang zu sehen.
Geld beruhigt, ohne Zweifel – Geld ist einfach notwendig –richtig und, und ….aber nur solange man die eigentlichen Schönheiten und Werte, wie Menschen, Tiere, Natur und viele, viele Kleinigkeiten noch sehen und genießen kann.

Vielleicht gehe ich Ihnen auf den Wecker – bin Ihnen zu anstrengend….egal, Sie denken eh das, was sie wollen.
 Da ich erst/schon 53Jahre und gerne etwas kindisch bin und im jetzt lebe, muss und werde ich wieder in die „Jetztzeit" springen.

 Wir hatten gerade Weihnachten 2008 und Silvester 08/09.
Während meiner Krankenhaus/Intensivzeit kannte ich kein Weihnachten, Silvester , Oktern , ja nicht mal geregelte Wochenenden oder sonst etwas. Darum konnte ich auch nie so richtig das Getue der normal

arbeitenden Bevölkerung verstehen. Das übertriebene, kommerzielle werde ich auch nie verstehen.

Liegt vielleicht an meinem, durch den damaligen Unfall geschädigtem IQ Verlust – bedingt durch eine Stammhirnverletzung. Der Restteil besteht vorwiegend aus EQ = emotionaler Quotient – halt Gefühlen und Werten und dem ganz neuen - dem NQ = Notquotient der die positive Kreativität, Einfallsreichtum und die charakterlichen Stärken in Notlagen zeigt.
Wie gehe ich mit Schicksalen, gesundheitlichen Einbußen usw. um. Lasse ich alles meinem Umfeld spüren und wissen? Versuche ich Mitleid zu erwecken und benütze andere dazu, um mir Vorteile zu schaffen?
.Als unsere Kinder noch klein waren, war es dem sozialen Krankenhaus, wie auch sonstigen Arbeitgebern egal, ob ich nach der frühen Bescherung zum Nachtdienst und die Family alleine lassen musste. Das galt auch für meine Exfrau – ebenfalls Krankenschwester. Wir liebten unseren Beruf und Menschen zu helfen.
Leider, doch heute Gott sei dank, gingen die Jahre im Krankenhaus nicht spurlos an mir vorüber.
Nein, nicht psychisch, sondern körperlich - gesundheitlich.
Arbeitsunfälle und Bandscheibenvorfälle schlichen sich ein. In der akuten Phase, kam ich mir so nutzlos vor. Wie ein alter Mann, der ohne Hilfe nichts mehr selbst bewerkstelligen kann.
 Das ging, zugegeben, kurzfristig auf die Psyche.

Trotz Krankschreibung ging ich wieder auf die Arbeit. Leider musste ich immer wieder einsehen, dass es nicht mehr dauerhaft ging. Bei Reanimationen war ich begeistert und meist vorne dran.

Doch wenn Lähmungserscheinungen des rechten Fußes, dir das Gleichgewicht nehmen und du hinfällst – spätestens dann muss man einsehen, dass man dadurch eine Behinderung des Mitpersonals und eine Gefahr für Patienten darstellt.

Schei…..ße! Sorry, und jetzt?

Reha usw. alternative Arbeitsversuche wie Anästhesie, Op - waren auf Dauer auch nicht das gelbe vom Ei.

Ich musste zwar weniger heben, doch um das ging es gar nicht. Es geht und ging immer nur um Tätigkeiten in gebückter Haltung und Drehbewegungen. Wenn ich es gerade und richtig halten kann, kann und konnte ich leicht 50 – 80 kg heben. Doch leider erlebte ich keinen Patienten oder irgendetwas, dass sich in gerader Haltung auf meine Arme legte – geschweige denn, dazu half und sich bei mir fest hielt .

Gerade aus der Krankenhauszeit könnte ich Bücher schreiben, dagegen wäre der Brockhaus ein kurzes Kinderbuch.

Schöne, super erfüllende Erlebnisse, doch seien wir doch mal ehrlich – das negative, ungerechte würde bei weitem überwiegen.

Warum? Theorie und Praxis!

Jeder von Ihnen weiß genug von Hierarchien, Verwaltung, immer billiger werdender

Krankenkassenbeiträgen und gleichzeitig besserer Versorgung, oder etwa nicht?

Jeder Mensch wird gleichbehandelt – diese soziale Gerechtigkeit, vor allem auch in Krankenhäusern, ist ein Traum.
Allein, dass was ich auf der einen Intensivstation, während der letzten Arbeitsjahre erlebte, liesen (oder heißt es lisen, ließen??? egal) jeder der nicht hirnamputiert ist erkannte / erkennt, wohin es führt – **unbezahlbar.**
 Den Hauptpreis zahlen die Patienten und das Personal. Einbußen in Form von Lebensqualität und Lebenszeit – körperlichen und psychischen Schäden des Personals – Burn Out.

 Und die Patienten ?
 Das wissen, hörten oder sahen Sie alle bestimmt schon selbst, wenn Sie noch auf der Erde sind.
Wo gearbeitet wird fallen Späne – werden Fehler gemacht und wenn dann noch keine Zeit, weder für adäquate Patientenversorgung noch für Pflichtarbeiten ist und man am nächsten Tag aufwacht und tot ist, ist es halt auch nicht so prickelnd.

Gott sei dank gibt es immer mehr studierte, oder Menschen die sich fortgebildet haben, die diesen Missständen entgegenwirken.

Es werden wichtige Pseudostellen geschaffen(die verdienen natürlich auch mehr) und es kommen überraschend junge dynamische Menschen auf

Intensivstation und zeigen dir, nach 20 Jahren Praxis, wie was zu funktionieren hat und wie es geht und was man falsch macht.

Nichts gegen junge dynamische Menschen, das ist gut und ich bin der letzte der von jüngeren nichts annimmt, wenn es Hand und Fuß hat oder sinnvoll ist.

Leider erlebte ich das, vor meinem Ausscheiden nicht mehr.

Theorie und Praxis und die Praxis hat einfach was mit Erfahrung und Übung zum tun.

Das beste Wissen nützt nichts, wenn ich nicht weiß , wo und wie ich hinlange, um ein Leben zu retten. Wiederum spielt auch hier die Zeit eine große Rolle. Zum Luftverknappen, gescheit Daherreden, Nachlesen….perfekt machen, ist keine Zeit. Verbände kornährenartig perfekt – EKG perfekt angelegt – ausgehend vom Angulus ludovici – Mundraum mit sterilen Tupfern gesäubert – Augendeckel, damit das Auge nicht austrocknet - Spitzfußprophylaxe und und …alles vorschriftsmäßig dokumentiert – Intubation, intravenöse Injektion , effektive Reanimation, Defibrillation… **wegen zuwenig Praxis gescheitert – Patient tot!**

Es gäbe zu vielen Punkten und Tatsachen noch selbst erlebte tausende(nicht übertrieben) Beispiele über Missstände und Ungerechtigkeiten.

Nicht dass Sie meinen ich wäre ungerecht ironisch und sarkastisch, verbittert, enttäuscht vom Leben….neeeee ganz und gar nicht!

Ich sitze da, schreibe lächelnd zufrieden und glücklich diese Zeilen, denn ich habe begriffen, dass ich daran nichts ändern und auch nichts mehr ändern kann und will.

Ich kann und will auch keine Menschen ändern, denn jeder kann sich nur selbst ändern – selbst einen kleinen Teil dazu beitragen, dass es im Großen besser, sozialer - harmonischer wird.

Dazu bedarf es einer gewissen Courage – keine Angst vor der Konsequenz einer Veränderung und der Zukunft.
Haben wir doch Alle nicht, oder?
Wer möchte… oder sagen wir es andersherum:
Wer möchte nicht glücklich, zufrieden und ein freies, selbstbestimmtes, erfülltes, harmonisches Leben führen?
Was, so wenige?
Rufen sie mich an, schreiben Sie mir und sagen Sie mir - warum nicht? Angst ?

Ja, es ist die generelle Angst vor allem.

Sicherheitsdenken – Angst vor dem ungewissen , vor der Zukunft , vor Veränderung.
Veränderung ist unbequem, sicherlich, und man muss in der heutigen, schnell lebenden, unsicheren Zeit schon ganz schön verrückt sein, wenn man den Spatz sicher in der Hand hält und trotzdem die Taube auf

dem hohen Dach möchte. Sicher den Spatz in der Hand – Selbstlüge, es gibt keine Sicherheiten! Gott sei dank, bin ich einer dieser Verrückten – das heißt:: etwas von der Norm ver –rückt !

Akzeptiere das was du nicht ändern kannst/willst und ändere was du ändern willst und kannst – Du kannst es!

Diesen Spruch hatten wir schon einmal – es stimmt, oder werde gelebt und sei ruhig!
Wenn Du zufrieden und glücklich mit Deiner Arbeit, Zeit für Dich, Hobbys, deiner Familie, Freunde bist, ist es Ok.
Wenn nicht, ändere was – Dir und Deinem Umfeld zuliebe.
Denn wie ich schon tausende male erlebte, leben wir nur einmal und keiner weiß, wann und wie lange noch.
Das ist gerecht und gilt für jeden!
Genauso wie für jeden der Tag nur 24 Stunden hat!

Wollten wir nicht Weihnachten / Sylvester 2008/ 09 feiern?
Ein paar Leser werden sagen: menno, ist der verwirrt und schreibt ein Durcheinander.
Klar, haben Sie wieder recht – doch für mich und andere normal – Einstellungs und Ansichtssache.
Das berühmte Glas Wasser – halb voll oder halb leer?
Verwirrt – durcheinander oder einfach begeistert positiv und geistig flexibel? Normal oder verrückt?

Fakt ist, dass ich in meinem bisherigen Leben nie soziale – kommunikative Probleme und dem Kennenlernen von Menschen hatte.

Na ja, kommunikative Probleme schon etwas, doch das lag an der Artikulierung und der etwas verwaschenen Sprache. Dafür konnte ich aber nur teilweise was. Wie ich schon einmal kurz schrieb, war es der Autounfall und die Hirnverletzung, die mit dafür verantwortlich war.

Ein Freund / Bekannter meiner Eltern & Eltern – Geschwister… machte mit mir logopädische Übungen und brachte mich soweit, dass ich mich wieder verständlich machen konnte.

Ob alle das richtig verstehen, verstanden , was ich sage und sagte, weiß ich nicht, doch die meisten können – konnten es vielleicht erahnen oder fühlen, was ich meinte und so ist es auch Ok.

Wiederum denkt eh jeder was er will.

Solange ich das erreichte, was ich wollte oder brauchte, war es in Ordnung und ich musste und durfte lernen, auch mit dieser Behinderung umzugehen.

Wissen Sie, wie das ist und wie man sich fühlt, wenn man zb. jemanden ganz normal was fragt und der lacht und sagt - ich soll verschwinden, ich sei ja betrunken?

Wenn man fast immer, wenn man zur Verkehrskontrolle angehalten wird, blasen muss, da man verwaschen spricht?

Mache Deine Schwächen zu Stärken und nimm es positiv lachend. (obwohl das Lachen einem da schon manchmal vergehen kann)

Gut, abgesehen, dass die Polizei eh nur ihre Arbeit macht und auch machen muss, macht es auch mir mittlerweile etwas Spaß. Die meisten Polizisten sind zuerst meist freundlich, denn Sie denken Sie haben wieder einmal eine Alkoholleiche erwischt. Offen und ehrlich, wie ich bin, erzähle ich Ihnen immer, in Kurzform, die Ursache meines sprachlichen Problems. Meist lächeln Sie sich an und sagen trotzdem, na blasen wir mal. Ich lächle zurück und sage: „ na klaro, her mit dem Alkomat. Nach meist 2-4 Versuchen, fangen Sie meist an Ihr Gerät zu untersuchen und die Gesichtszüge entgleisen etwas. Sie tun mir schon manchmal etwas leid und erkläre Ihnen ruhig, dass Ihr Gerät in Ordnung ist, nachdem es dauernd nur 0,0 Promille anzeigt – es ist so ,wie ich sagte.
Einmal musste ich sogar mit auf die Wache. In der Nähe einer Polizeistation, fragte ich einen höherrangigen Polizisten, nach einer Straße und Adresse. Er war irgendwie „beförderungsgeil" und nahm mich sofort mit auf die Wache. Drinnen lümmelten momentan ca. 8 Kollegen rum und nach der Anweisung Ihres Vorgesetzten, nach einem Gerät, wurden sie munter. Es dauerte aber ungelogen ca. 10 Minuten, bis Sie eines da hatten. Mir pressierte es, da ich einen Termin bei einer Rechtsanwältin hatte – nach deren Weg ich auch gefragt hatte. Noch lächelte ich, dann fragte ich sie vorsichtig, ob Sie mich verarschen wollen? Schon etwas unsicher Ihrerseits , blies ich das erste mal – das zweite mal – plötzlich hatten Sie 3 Alkomaten – brachen die Sache ab und entschuldigten sich wenigstens kleinlaut. Der Oberboss sagte, er hat in der Zwischenzeit für mich

die gesuchte Adresse rausgefunden – es sei gleich in der Nähe, ob er mich hinbringen soll? Ich dankte – konnte mir aber nicht verkneifen zu sagen: Nein, danke - wenn das auch solange dauert, wie Sie mit dem Gerät gebraucht haben, verpass ich den Termin.

In den ersten Jahren meiner Krankenhauszeit, hatten wir auch oft Ambulanzdienst- Bereitschaft und so kannten wir fast jeden Polizisten persönlich.
Sowohl in der Klinik, als auch bei den Polizisten und ich denke, wie meist überall, war es kameradschaftlicher – ja fast familiärer im Umgang miteinander. Sicher spielt die Zeit hier wieder eine große Rolle.
Zunehmender Arbeitstress und Arbeitsaufwand, sowie Personalmangel……taten Ihr übriges.
Doch gerade dann, kommt es wieder auf die Charakteren   jedes einzelnen an. Dekompensiere ich, oder bleibe ich auch da ruhig , freundlich und nett?
Was kann jemand anders dafür, dass ich nicht gut drauf bin, Sorgen, Ärger, Stress usw. habe?
Warum soll ein anderer büßen, wenn ich nicht gut drauf bin? Stress *lach* - viele haben schon Stress, wenn Sie Ihren Corpus Delicti zur Toilette bewegen müssen. Seien wir doch einmal ehrlich Stress haben – keine Zeit haben…Hektik ist doch „in" – oft nur ein Modewort und wenn man da nicht mitmacht, ist man eben out.
Sie sehen, es ist ganz einfach. Jeder entscheidet und entwickelt sich selber, ob er zu den misstrauisch, negativen bis hin zu den chronisch gehässigen

gehören möchte, oder zu den, einfach gesagt –
positiv, lachend Guten.

Nimm alles wichtig, doch nicht so ernst!
Für einen Stern mehr an der Uniform – eine
Beförderungsstufe höher und, und… scheiden sich
die Wege und die Menschen – Menschlichkeit.

Das konnte ich auch im Krankenhaus beobachten und
erleben.
In den Anfangsjahren waren Diakonissen meist die
Chefs, auf den Stationen. Nach Umzug in ein neues
Krankenhaus und Abzug der Diakonissen, konnte man
wieder deutlich die unterschiedlichen Charakteren
erleben.
Es war nicht mehr hart, aber herzlich – es war nur
mehr zum „Kotzen".

Langjährige feste Freundschaften zerbrachen.
Früher feierten Pfleger, Schwestern und auch ein paar
lockere Ärzte öfters ganz schön heftig.
Spass, Gaudi und ein Miteinander war angesagt. Das
wirkte sich in der Dienstzeit natürlich auch positiv auf
die gemeinsame Arbeitsmoral und somit dem
Behandlungserfolg/ Psyche des Patienten aus.
Dauerhafte Erfolge sind eben nur im menschlichen
Team möglich.
Noch heute sprechen mich teilweise freudig
ehemalige Patienten irgendwo an.
Sie erzählen nicht, wie toll ich einen Katheter gelegt
oder sonst was gemacht habe – Sie erinnern sich nur,
dass ich Ihnen , in Ihrer eh schon beschissenen

Situation, sehr geholfen habe, indem ich meist gut drauf war – gelacht habe und auch öfters bis dauernd mal kleine Späßchen machte.

Das fachlich, medizinische und eine gewisse Kompetenz, setze ich voraus, wenn ich schon an Patienten und in einem Krankenhaus arbeite bzw. arbeiten will. Doch wichtiger ist das menschliche – das „wie" mache ich es? Mit Freude Spaß und Menschlichkeit?

Das gilt für alle Berufe/ Arbeitsbereiche, wo ich mit Menschen zu tun habe.

Genau das ist aber auch mit das Problem.

Ich denke und weiß, dass es überall Menschen gibt, die einen Beruf –Tätigkeit nur machen, um des lieben Geldes wegen. Beruf heißt für mich aber „Berufung" Alles was ich liebe und gerne tue, wird von Erfolg gekrönt sein. Es muss weitgehendst Spass machen – ich muss meine Arbeit lieben und es ist völlig normal, dass es verschiedene Tage gibt und Dinge misslingen – oder man negative Erfahrungen macht oder, oder…..

Jeder muss lernen, dass es einfach normal – ja, um nicht zu sagen selbstverständlich ist, dass nicht alles gelingen kann.

Das es Tiefschläge verschiedenster Art und Ursachen gibt – dass das Leben seinen Tribut fordert.

In und an solchen Situationen beweißt es sich und da wird die Spreu vom Weizen getrennt, wer ein Weichei und charakterlos ist und wer seinen Mann/Frau steht und auf deutsch „gesagt ein Kreuz" hat.

Wer zu sich – seinen Meinungen – seinem Können steht, oder wer so ist, wie das Fähnchen im Wind.

Meinungen? *lach* - sagen Sie mir ein Ding oder eine Sache, wo es nicht verschiedene Meinungen gibt?
Die einen stehen zu Ihren Fehlern – haken es ab und versuchen es das nächste mal besser zu machen, um gerechte, ehrliche und auch verdiente Anerkennung zu bekommen – eben sozial, leistungsgerecht, menschlich.
Die anderen bekommen Ihren Spass und Ihre Anerkennung, indem Sie vergiftete Hundeköter auslegen und, und ....auch die Spezies Mensch bekommen Pseudoanerkennung, allerdings nur von den Gleichgesinnten .

Merken Sie nicht, wie Sie mich ständig vom Thema abbringen? In der Schule bekäme ich wieder mal ne sechs, wegen Thema - verfehlung ! Ursache Unkonzentriertheit. Vielleicht ist es wirklich der Name sechs und die bei mir, mit einem Automatismus, einsetzende Assoziation – was man denkt und ausstrahlt, zieht man an – auf jeden fall durchzieht der Name „sechs" , anderes geschrieben, auch etwas mein bisheriges Leben.
 Es war und ist auf jeden fall Spaß und Freude – macht glücklich und schüttet Glückshormone, durch die Nebenniere, aus - die nebenbei noch zufrieden macht. Halt, Kalorien verbraucht man auch noch.

Weihnachten – Silvester 2008 !!!!!!!!!!!!!!!!
Vielleicht lassen mich die Ausrufezeichen zum Thema kommen!

Weihnachten, Silvester und anderes wiederholt sich jedes Jahr und das echte, besondere,der eigentliche Sinn – anderen Menschen Freude zu bereiten – sich auf und mit Menschen zu freuen – es schön zu machen , liegt wiederum an den Menschen selbst und Gefühl, deren Wert ich dem Anlass und den anderen gebe bzw. schenke.

Wenn ich höre, wie heuer, dass der zusätzliche Weihnachtskonsum an die 14 Milliarden betrug, weiß ich was für viele Menschen wichtig ist.
Da haut es mir wirklich den „Vogel raus" und ich frage mich , ob die Konsumenten dadurch wirklich glücklicher und zufriedener sind oder gemacht wurden?
Andersherum ist es auch eine Meßlatte, wie und nach was jemand eingestuft wird bzw. was er anderen Wert ist. Ja, viele denken so.
Richtig oder falsch? Auch da kann und werde ich mir kein Urteil erlauben – für mich ist es nicht wichtig!!!

Umso mehr freuten wir uns, dass die 79 jährige Mutter meiner jetzigen Lebensgefährtin, trotz Alter, Krankheiten …sich entschloss - eine Woche über Weihnachten bei uns zu verbringen. Ich denke und weiß, dass es nicht wegen Geschenke usw. war, sondern einfach, weil Sie uns mag bzw. Ihre Tochter liebt.
Sie hatte grundsätzlich erst einmal unheimlichen Respekt und Angst vor Hunden, doch Oskar nahm Ihr durch seine humorvolle, lustige Art gleich die Angst

und somit gab er Ihr auch wieder das Gefühl des Vertrauen – können.
Es ist kein Unterschied zu uns Menschen - ein Grundvertrauen muss man haben.
Dieses Grundvertrauen hat immer was mit Gefühlen, Liebe und das ohne Vorurteile zu tun – sowie ganz klar mit Interesse und Begeisterung.
So macht man - ob gerecht –ungerecht - gerechtfertigt, einfach Unterschiede und vergleicht, obwohl jeder Mensch gleich ist.

Interesse, Begeisterung, gleiche Wellenlänge – Ausreden wie keine Zeit , lassen Menschen da Energie, Zeit und Geld verbringen, bei wem und was Ihnen wichtig ist.
Wenn man kein Sadist ist, ist das auf den ersten Blick richtig.
Nur Unterschiede bei der gleichen familiären Spezies Mensch zb. Kinder, Geschwister, Eltern – ich weiß nicht?

Keine Zeit, ist die dümmste Ausrede, die ich kenne!
Ehrliche Antworten: keine Lust – für mich nicht so wichtig – kein oder weniger Interesse ……. wären , wie schon gesagt, wenigstens ehrlich!

Es ist normal bzw. kann es jeder lernen, dass alles seinen Preis – Vor und Nachteile hat – alles negative auch was positives – Unglücke auch eine neue Chance bieten – und so ist es, für mich sehr wichtig, um das trotzdem genießen zu können, dass ich den

Augenblick des Erlebens, die Umstände akzeptiere und so auch genießen kann.

Ansonsten renne ich früh, unbedarft und locker, nackert in der Wohnung rum. Klar, zog ich mir in der Zeit, wo die Mutter da war, etwas an – ich wollte Sie ja nicht schocken *lach*.

Denke und weiß, dass ich ohne zu übertreiben oder eingebildet zu sein, mit meinem Corpus zufrieden sein kann. Wenn ich sehe was da so rum läuft, gerade schon als Kinder. Meist haben die auch die besten Vorbilder.

Es ist die hektische Zeit, die schuld an allem ist. Fast Food , keine Zeit anständig für sich und die Kinder was zu essen zu machen – in kurzen Pausen runter schlingen – keine Zeit für Sport , ausgleichende Spaziergänge – die sitzende Tätigkeit bei der Arbeit und zuhause wartet schon der PC bzw. Fernseher- also bitte ,wie soll man da einen vernünftigen Körper stählen?

Jetzt ist wieder Weihnachten/ Silvester, wo man sich schon einmal etwas mehr und besseres gönnen kann –damit man die Zeit bis zur nächsten Feier oder nächsten Feiertage übersteht. Es ist alles so traurig und schlimm. Ja, ist es – wenn man es so sehen will und sieht – sich so wohlfühlt und die Bequemlichkeit – das gelebt werden vorzieht.

Trotz 79 Jahren, unseres Besuches – nicht immer super Wetter, waren wir alle täglich in der Natur oft stundenlang unterwegs. Respekt! Wir haben, trotz Weihnachten – Feiertage, uns die Zeit genommen, um

uns ein Stück Gesundheit und Lebensqualität, in der Natur zu erarbeiten und auch genossen.
Wir haben profitiert und Weihnachten hat trotzdem nicht gelitten.

Klar, waren wir auch in der Kirche, wo ein super Posaunenkonzert war und die Mutti meiner geliebten Lebensgefährtin fühlte sich wohl und war begeistert Nicht das Sie meinen, ich wäre ein super Heiliger, der immer glücklich ist – nein bestimmt nicht. Ich habe mindestens genauso viele Sorgen usw., wie Sie, nur sehe ich es anders- versuche und gehe anders damit um – eben normal und positiv.

Was ist positives Denken für mich? Es ist ganz klar, sich einem Problem oder einer Herausforderung zu stellen, um dann in aller Ruhe an einer Lösung zu arbeiten. Diese Lösung wird einem einfallen, da das Gehirn, stressfrei, zu Höchstleistungen fähig ist und auch trübe Gedanken vertreibt.

Also, was soll das blöde Gerede „Du mir deinem positiven Denken???

Mit welcher Art, meinen Sie, wird das bessere Ergebnis rauskommen?
Na gut, wenn Sie meinen und anders denken, machen Sie es anders – es ist Ihr Leben und Lebensqualität , Wohlfühlen – Glücklichsein!
Bis auf den Tod, gibt es fast für alles und immer eine Lösung. Bis zur Lösung oder dem Ziel, wird es sicher viele Fehlentscheidungen geben – na und???
Diese Fehler bringen Erfahrung und Fehlentscheidungen, Fehler zu machen, sind immer noch besser, als aus Angst keine Entscheidungen - wenig oder nie eine selbstbestimmte Entscheidung zu treffen und dahin zu vegetieren. (vielleicht schreibt man dahinzuvegetieren auch zusammen – soll ich Ihnen was sagen? Sie haben recht und mir ist es egal)
Wir müssen täglich viele Entscheidungen treffen.
Schon in der Früh – stehen wir auf, oder bleiben wir noch ein bisschen liegen? Nein , eigentlich schon nachts, wenn die Blase drückt. Gehen wir auf die Toilette, oder machen wir ins Bett?
Seien wir noch dankbar und glücklich, dass wir noch alleine auf die Toilette usw. gehen können.
Als ich damals, bei meinem Unfall, aus der Bewusstlosigkeit langsam aufwachte und rechtsseitig gelähmt war, machte ich, in einem Krankenhaus, ins Bett. Menno, war mir das damals peinlich, darum weiß ich es auch noch heute. Klar, konnte ich nichts dafür .
Vielleicht oder sicher nach dem Fakt: die Macht der Gedanken und was man denkt, zieht man an, stellte

ich gedanklich damals schon unbewusst die Weichen, dass ich sozial tätig und Krankenpfleger wurde.

Fäkalien wegräumen, in jeglicher Konsistenz und physikalischem Zustand wurde ein großer Teil meines Lebens und meiner Arbeit. Notwendig ? Sicher, und mittlerweile auch normal – keiner kann es rausschwitzen.

Vielleicht merken Sie es manchmal – ich kann auch sehr gut und viel über mich und mein Leben selbst lachen.

Ich bin und werde nie ein perfektes, unantastbares, „starres" Vorbild sein .

 Es hat nichts mit seriös, vertrauensvoll und zuverlässig zu tun, wenn ich doch etwas mehr lächle und nicht alles so ernst sehe.

Schauen Sie doch einmal in Ruhe von einem Straßencafe die meisten Menschen an. Hektik oder Pseudohektik – die Gesichtsmimik starr – die Mundwinkel nach unten gezogen – einen roboterähnlichen Gang – das Ziel vor Augen.

Angenommen, Sie erreichen das Ziel – zb. ein Amt – Institution und auf einmal sind dort mehrere dieser Menschen und Sie stellen Ähnlichkeiten fest. Ähnliche Kleidung - Anzug -Krawatte – seriöse, mit einem kleinen Lächeln untermalte, förmliche Begrüßungen usw. – Lockerheit und eine positive Gefühlsaura vom Feinsten.

Am Arbeitsplatz dann die Steigerung: Arbeitsmaterialien der gleichen seriösen, super Firma – gleiche schwarze Aktentasche – ähnliches Getue und Verhalten beim Arbeiten – na prima.

Da könnte selbst ich, die Welt nicht bunt und farbig -
positiv sehen.
Es liegt aber nicht an der Krawatte oder, oder... auch
ich habe meist eine an, da ich mich da genauso
wohlfühle. Mit Krawatte und Anzug, bleibe ich aber der
gleiche, wie in Arbeits - oder Sportkleidung – meist
lächelnd. Warum ?

Die Arbeit und die Probleme bleiben die gleichen, ob
ich lache oder böse schaue, nur die Arbeit und das
was ich gerade mache, fällt mir und meinem Umfeld
leichter, wenn ich lache und so bin und bleibe, wie ich
eben bin. Warum ?
Imitationen bleiben Imitationen auch bei jedem
Menschen –selbst Spuren setzen, ist das Motto.
Mechanischer Reiz auf die Produktion und
Ausschüttung von Endorphinen – Glückshormonen,
durch die Nebenniere.
Es ist alles super, doch man muss akzeptieren, dass
es einfach viele Menschen nicht wollen – das mit dem
Glücklich – Positiv sein – Bussi, Bussi .... es ist ja
auch einfacher, bequemer an allem und jeden
rumzunörgeln – zu kritisieren und über anderes,
andere zu reden, stänkern und so den eigenen
äußerlichen und inneren Müllberg gar nicht zu sehen.

Auf jeden fall versuchten und machten wir uns die
Tage so schön und angenehm, wie möglich.
Kurz vor Silvester brachten wir alle die Mutti meiner
Lebensgefährtin wieder gut nach Hause.
Zuvor hatte ich einige Problemchen mit meinem Auto.
Ein neuer Kühler war fällig usw. Nach der Reparatur,

traten noch ein paar, für mich,unerklärliche Fakten auf. Ich erzählte es meiner Lieben. Sie lächelte nur und sagte: hör endlich auf, gerade du , wo immer mit positivem Denken usw. rumredest – deine Kiste ist repariert und vieles neu.

Na gut, doch da ist noch das meist untrügliche Bauchgefühl.

Kurz nach unserer gemeinsamen Runterfahrt, mussten meine beiden Hübschen auf die Toilette. Auf einem Rastplatz, benützte ich die Zeit und schaute trotzdem schnell noch einmal heimlich, aber unheimlich in den Motorraum und siehe da, mein Gefühl hat mich wieder einmal nicht betrogen.

 Der dicke Kühlerschlauch zum Motorblock war undicht – wie sich später herausstellte war es ein dicker Marderbiss. So ,und jetzt? Zu dieser Zeit hatte es ca. 10 -15 Grad minus und ich verlor Kühlerwasser und damit auch Frostschutz.

Ohne zu überlegen, dass da auch der Motorblock kaputt gehen kann und die Schläuche eine hohe Temperatur und einen hohen Druck beim Fahren aufbauen – war ich glücklich, dass mir eine Lösung einfiel. Ich umwickelte es einfach mit Pflaster und dann mit einem Leukoband – dachte und vertraute auf mein positives Denken, Gott und dem Universum.

Glück gehabt oder wie auch immer – meine äußerst primitive Schei… hielt fast 900km.

Leider oder noch bringe ich solche Schäden nicht alleine durch das Denken und Gefühl in Ordnung – das wird wohl auch noch dauern und so kostete die Kiste doch wieder einiges. Trotzdem hat das Auto gehalten und uns gut wieder heimgebracht.

Schau immer nach vorn! Für einen starken Menschen gibt es nicht Glück oder Unglück, für ihn sind diese wie seine rechte und linke Hand, er benutzt sie beide.

Die Tage in der schönen Stadt und dem großen See, umrahmt von Bergen aus drei Ländern war wieder sehr schön. Auch hier waren wir sehr viel unterwegs und gerade ich bekam wieder sehr viel neue Eindrücke und schöne Erlebnisse, die begeistert und glücklich machten.
Leben heißt erleben und wenn man nicht ständig hektisch hinter Ereignissen, Attraktionen nachläuft – oder auf der anderen Seite ständig Angst vor allem und jeden hat, kann man alles oder vieles sogar in Ruhe genießen.

Nicht das Sie einschlafen und geistig verkümmern – darum wieder zurück nach Kleinsibirien.

Könnte alleine von da und Kindheitserlebnissen noch viel schreiben und nach heutigen Erkenntnissen seitenweise philosophieren, doch ob es für Sie so interessant und lustig wäre?
Leider musste auch meine Mutti gesundheitliche Schäden im Dorf erleiden. Zweimal hakte sich das Schiebetor des unten wohnenden Bauern aus – vielleicht beim Milch holen – flog meiner Mutti auf den Unterschenkel – Beinbruch.
Damals war die Medizin noch lange nicht so weit, so war die Versorgung und lange Liegezeit - in einem ein

paar Kilometer entfernten Krankenhaus –sicher gut,
doch hart und nach heutigen Erkenntnissen,
insuffizient.
Alles hat zwei Seiten und jedes Unglück hat auch was
Positives und birgt meist ne Chance. Doch in diesem
Beispiel hat es sich nicht rentiert, denn meine Mutti
leidet heute erst richtig.
Durch die Brüche, die damals eine Beinverkürzung,
doch durch das jugendliche Alter noch keine direkten
Beschwerden machten, hat sie heute komplexe
Dauerbeschwerden.
Man konnte sich damals, durch das geringe
Versicherungsgeld ein Auto leisten.
Klar, war das in Kleinsibirien ein kleiner Traum und
super, doch aus heutiger Sicht gesehen – **lieber kein
Auto und gesund!**
Während Ihrer Krankenhauszeit durften wir Kinder –
da waren wir schon drei Jungs – auch zur Entlastung
unseres Vaters , mit zu Oma & Opa – mütterlicherseits
- in die „Riesenstadt „ (15-20 .000 Einwohner) und ein
paar Mal sogar mit in den Urlaub nach Italien.
Haben Sie gehört – Italien – WAHNSINN!!!

Heute fährt oder fliegt man schnell zum Shoppen oder
Kurzurlaub – oder sogar nur zum Kaffeetrinken nach
Italy.
Zu unserer Zeit, war es aber trotzdem weit und
abenteuerlich.
Das unser jüngeres Bruderherz, dass auch schaffte,
machten mein etwas älterer Bruder und ich,
unbewusst, einen kleinen Härtetest. Im Kinderwagen
schoben wir Ihn den Berg runter und haben den

„Sportwagen" freihändig laufen lassen. Einmal hat er sich wahrscheinlich blöd bewegt, denn der Wagen kippte um. Außer Geplärr, nichts passiert – also Härtetest bestanden.

Da er heute, wie auch mein älterer Bruder, Gymnasiallehrer ist, zeigt - dass er auch geistig keine Schäden davongetragen hat. Oder hat das heutige geistige Potential gerade die Erschütterung von damals ausgemacht?

Kann man auch nicht wissen und beweisen, wie so viele andere Dinge auf der Welt!

Oder können Sie beweisen, wie es mit der Liebe usw. funktioniert – warum sich manche Menschen finden und zueinander stehen - auch in Vereinen, Politik hingezogen fühlen?

Es ist nicht alles sachlich und beweisbar faktisch. Vielmehr ist es doch eher Herz – Gefühl – gemeinsame Interessen – Wellenlänge – „a gouts Bauchgfühl", dass zu Gemeinsamkeiten von Vereinen bis hin zur Partnerschaft – Liebe – Ehe führt.

Auch Interessensgemeinschaften – Zweckgemeinschaften, die sich gegenseitig Probleme lösen und ergänzen - ja selbst sexuelle, freundschaftliche, gibt es.

Bei manchen ist oder war die emotionale Wellenlänge so gleich und groß, dass Sie sich wieder trennen oder scheiden lassen mussten.

Neee, Quatsch, dass war wiederum Spaß , doch wie wir jetzt wissen, ist „a bissl Wahrheit „ immer dran.

Also , ohne „a goutem „ Gefühl – einem gewissen Grundvertrauen in die Menschen, geht es selbst im härtesten Wirtschafts- und Arbeitsleben nicht!

Soweit sind wir schon, doch dazwischen liegen ein paar Jahrzehnte Erlebnisse & Erfahrung.

In Notzeiten, darum ist der NQ – zur geistigen Nachhilfe „Not oder Notlagenquotient -auch so wichtig, durften wir mit Oma& Opa verreisen und mit in den Urlaub.
Der damals noch so unbekannte NQ war dringend notwendig, denn von der Planung, bis hin zur erfolgreichen Durchführung war Kreativität und Idealismus gefragt.
Also instinktiv gab es den so wichtigen NQ schon immer – um nicht zu sagen, er war von Beginn der Menschheit an wichtiger, als heute. Mit zunehmender Industrialisierung und zunehmender Erfindungen und dadurch zunehmender Bequemlichkeiten, ist er auch zunehmend verkümmert.
Wie immer und überall und zu jeder Zeit, taucht er aus dem Unterbewusstsein wieder auf, um Niederlagen und Notlagen zu bekämpfen und kreativ-aktiv zu werden.
Das mussten auch unsere Großeltern. Geld war knapp – Autos, Straßen usw. noch nicht so komfortabel. Hotels gab es sicherlich, doch dies war was für eine elitäre Schicht und sicherlich nicht so schön und abenteuerlich, wie für uns Bauern „Boum", die was erleben wollten.
Der flotte DKW wurde mit Dachständer bestückt und alles, inclusive Verpflegung – meist Büchsenform – zwei Zelte usw. wurde mitgenommen.

Das gleiche galt, als wir auch mit unseren Eltern in den Urlaub fuhren. Mal mit Großeltern mal auch alleine – nur Familie.
Die Wegstrecke, ca. 850 km blieb bis heute ungefähr gleich, nur die Straßen und somit die Zeit und die Strapazen waren anders.
Doch es war immer super schön und abenteuerlich.
Da unsere Großeltern nicht alles auf einmal fahren wollten und konnten, machten wir immer ungefähr in etwas mehr als die Hälfte der Strecke Rast. Sie hatten dort mittlerweile gute Bekannte / Freunde, wo wir übernachteten und wo es auch guten Wein für unseren Opa gab.
Ich zumindest kann mich nicht erinnern, dass meine Oma und mein Opa uns drei jemals richtig beschimpft – geschweige denn, geschlagen hätten.
Es war ein kleines Wunder, denn wir drei Rabauken hätten es manchmal tüchtig verdient.
 Wie das tratzen, ärgern, reizen unter Geschwistern halt so ist.
Nur während des Autofahrens schimpfte unser Onkel manchmal spaßig.
Er sagte immer – in der Stadt wo Sie wohnten gibt es ein „Backenzimmer" für Kinder und Leute, die nicht brav sind – und da kämen wir hin, wenn wir nicht Ruhe gäben. Na ja, anfangs habe wir uns was vorgestellt – **„Backenzimmer"** klang ja nicht so toll – doch je öfter das kam, umso weniger hatten wir Angst und nahmen es als Spaß - der es auch war!
Auf dem natur belassenen Campingplatz, auf dem auch vorwiegend Italiener Urlaub machten, angekommen - organisierten unsre Großeltern

Stellplatz usw. Zelte aufstellen – einräumen – Arbeit, die Spaß machte. Wir Kinder waren für unser Zelt alleine verantwortlich – na ja gut, ein wenig Hilfe bekamen wir. Es musste trotzdem schnell gehen, denn die Erwartung und Freude auf den Sandstrand, Meer war „narrisch. Doch unser Opa bremste uns – im nach hinein Gott sei dank.

Präventiv, war auch damals schon wichtig. Es musste ein tiefes, breites Loch gegraben werden, denn die Lebensmittel, Büchsen mussten dort gelagert und mittels eines Eisbrockens, das jeden Tag neu auf den Campingplatz kam, gekühlt werden.

Da es von einer Stunde auf die andere heftige Stürme und nächtelangen, warmen Regen geben konnte, mussten um die Zelte Abflussgräben gezogen werden. Wir arbeitenden so schnell es ging, denn der Strand – Meer lockte. Dann war es soweit.

Wir gingen gemeinsam an den Strand und das Meer. Heute ist es für viele normal, doch für uns????

Uns blieb die Spuke weg! Zwar nicht lange, aber trotzdem – es war ein erstmaliges, überwältigendes Erlebnis.

Damit die „Klappe" wieder zu ging, bekamen wir das erste italienische Eis. – ein Traum – nein kein Traum , Realität!

Dankbarkeit!!!!

Heute hört man sogar Dinge,wie ahhh schon wieder Italien, Ägypten oder sonst wo. Ein Eis lockt schon gar nicht mehr – was keine Disco – Tennisplätze, Surfschule…. oder sonst was gibt's hier?

Was soll das für ein Urlaub sein oder werden?

Da kann ich nur sagen – „Backenzimmer"!!!

Das mit den prophylaktischen Gräben um die Zelte ,
war super, denn bei den Urlauben in Italien regnete es
mindestens einmal so heftig, dass die Zelte
hochgebunden werden mussten, damit das Wasser
durchfließen konnte – alles nass ´war und
Campinggeschirr und sonstiges am gesamten
Campingplatz rum schwamm. Na ja, ein bisschen
Bammel hatten wir schon, als wir diese Naturgewalten
live erlebten, doch es war aufregend. Am nächsten
Tag war meist aller Spuk vorbei – die Sonne schien
wieder heiß – ein bisschen aufräumen – ein bisschen
aufhängen und trocknen und dazwischen wieder an
den Strand und in das Meer.
Durch das aufgewühlte Meer, war viel am Strand
angeschwemmt. Wenn man Glück hatte ergatterte
man sogar Sehpferdchen – Seesterne. Muscheln fand
man viele und sehr schöne. Schwimmen –
Sandburgen bauen – Strandspaziergänge – Spaß
haben – wenn man abspülen half, gab es ein
zusätzliches Eis oder eine echte italienische Pizza
……und heute ???
Ist es normal!
Klar, ist heute viel normal und auch schön, doch das
Bewusstsein, dass es nicht oder nicht überall und für
jeden selbstverständlich ist, sollte uns etwas
dankbarer sein lassen. Warum? Im Sinne der
Solidarität und der Tatsache das alle Menschen gleich
viel wert sind.
Wie sich jeder Mensch entwickelt – entpuppt, steht auf
dem anderen Blatt. Welchem?

Na, auf dem mit Einstein – dem oder der Größe des Universums und der unendlichen Dummheit mancher Menschen.

Es wäre müsig, Ihnen diesen und auch die anderen Urlaube und Erlebnisse zu berichten, wie schön und wie toll , ich zumindest, alles empfand.

Heute denke und weiß ich für mich, warum das so war und ist!

Es hängt mit der inneren Ruhe – Ausgeglichenheit – dem meist Glücklichsein mit sich selbst und dem Genießen wollen, der momentanen Situation zusammen.

Wenn ich zuhause bin und träume nur von Urlaub – schaue neidvoll auf andere – kann ich da glücklich sein? Wenn ich mit dem Zelt –Wohnmobil unterwegs bin und vom luxuriösen Hotel- Strandurlaub träume – denken Sie das ganze Unternehmen wird toll und macht mich rundum glücklich? Wenn ich Strandurlaub mache, doch lieber in den Bergen bin? Na ,prima!

 In den letzten drei Sätzen, könnte ich immer das Wort „eigentlich" einfügen.

Genauso Wörter wie : „aber, vielleicht und auch eigentlich und noch einige dieser Sorte. Was sagen diese Wörter aus? Angst – Zweifel – Unzufriedenheit……doch vor allem **Angst.**

Vor wem vor was? Sicherlich spreche ich hier von Urlauben, Unternehmungen, wo mindestens zwei Personen beteiligt sind – mit oder ohne Kinder egal. Ob im privaten oder beruflichen – es ist immer ein Spiel mit Geben und Nehmen und Kompromissen. Auch ich denke, bin kein Egoist und mache gerne Kompromisse, denn ich bin überzeugt, dass dann der

oder die anderen meine Wünsche auch
berücksichtigen –respektieren – in Erwägung ziehen.
Nur dann kommt auch das zurück, was ich mir
wünsche oder will.
Dazu muss ich aber erstmal für mich selbst wissen,
was ich wirklich will?!?
Das Meer ist wie das Leben – es ist wellenförmig und
alles was ich tun muss ist: zu lernen auf den Wellen zu
surfen und das schöne zu erkennen.
Gut, manche Enttäuschungen sind gewiss, doch
meist sind es nicht „die Anderen" , die nicht zu
gegebener Zeit auch mal auf mich eingehen.
Nur, wie will jemand auf Dich zugehen – Dich glücklich
machen, oder mit Dir glücklich sein – wenn nicht mal
Du selbst sicher weißt, was Du möchtest?
Denke, da ist Urlaub das kleinste Problem.
Heuer Strand – nächstes mal Berge – oder eine
Woche Strand und eine Woche Berge oder,
oder.....Lösungen gibt's immer, damit alle befriedigt
und glücklich sind.
Also, an was liegts, wenn es nicht die
Kompromissbereitschaft oder, oder... ist?
Tja, denke es ist wirklich der Ton - wie ich Worte und
meine Meinung verpacke – und überhaupt die
Kommunikation!!!
Spreche ich überhaupt über meine Gedanken und
dazugehörigen Gefühle – Wünsche – Träume oder nur
einfach, wie ich mir ein glückliches, zufriedenes Leben
für mich und in der Partnerschaft / Ehe /Arbeit, was
weiß ich ,vorstelle?
 Macht es mein Partner oder generell „der oder die
Andere/n"?

Da wäre das Wort „eigentlich" wieder ideal. Eigentlich wäre es wunderschön mit Dir und eigentlich liebe ich Dich ja, **aber**……..**BUMMS!!!!** Eigentlich dürfte es Worte wie „eigentlich oder aber, vielleicht" - gar nicht geben. **Entweder oder!**
Eigentlich kann ich einen Ball werfen – vielleicht geht's und ich treffe den Korb.
Sorry, da wird es mir übel!!!
Entweder ich werfe den Ball und treffe den Korb , oder ich lasse es – ENDE! Entweder Beide finden einen Weg, dass Beide glücklich werden oder nicht – ENDE! Entweder Sie schreiben zig Bewerbungen und versuchen sich dadurch zu Verbessern, oder nicht – ENDE! **Wie viele Beispiele/ Tatsachen wollen Sie noch hören?**
Wie kann oder soll etwas, gerade in einer Beziehung, Arbeitstätte, auch Politik funktionieren, wenn der Eine oder Beide Funkstille haben oder der Eine auf UKW sendet und der andere auf Kurzwelle empfängt?
Wird nie funktionieren und ist ohne Arbeiten von Beiden/ Allen zum scheitern verurteilt.
Da gibt's aber noch die Variante der „Schauspieler" oder der Martyrer – die keine eigene Meinung haben – nebeneinander her leben, wie Bruder und Schwester – zu allem ja und amen sagen……aber glücklich und zufrieden? **Das ich nicht lache!**
Eine Trennung oder ein Verlust, tut immer weh! Es ist normal – so ist das Leben! Jeder - auch ich, haben mehr oder weniger Fehler, Trennungen und Verluste – Schiffbruch erlitten. Ich bin überzeugt, dass ich auch noch eine Reihe von Fehlern machen werde. Na und?

Eine neue Chance, gibt es immer und wie soll man sich sonst entwickeln?

Leben heißt erleben, doch es heißt auch Versuchen – und zwar solange versuchen, bis Sie Ihr Ziel/Lebenslevel erreicht haben und / oder glücklich sind.

Allein - zu Zweit – meinetwegen in einem ganzen Rudel *lach* - Sie müssen oder Sie sollten sich wohlfühlen – es ist Ihr Leben –Sie haben nur eins und nur Sie haben auch Ihr Glück in der Hand!

Vielleicht sagen Sie, Ja, das klingt plausibel und einfach, ABER……die Anderen…..wenn bestimmte „die Anderen" nicht wären, dann….

Menno, hören Sie auf, es gibt „keine Anderen „ auf diesem Planeten – es gibt nur Menschen, Tiere, Natur!!!!!

Packen Sie sich an der eigenen Nase und fragen Sie sich WARUM klappt es nicht mit dem oder dem Menschen – WARUM habe ich diese Stelle nicht bekommen –WARUM bin ich dauernd krank, oder WARUM passiert das oder jenes dauernd mir?

Hören sie auf mit JAMMERN!!!!

Es gäbe noch tausende Beispiele, aber nur einen **wahren Grund**,denn sicher nicht viele gerne hören möchten.

Sie haben es durch Ihre Gedanken – Ihre Gefühlswelt und allen Ihren Entscheidungen angezogen – nur Sie allein!

Entscheidungen von früher, sind das Ergebnis, wie ich heute lebe und die heutigen , wie auch

zukünftigen Entscheidungen, werden das Ergebnis und die Tatsache sein ,wie ich in Zukunft lebe oder leben kann - will – werde - soweit Gott es zulässt! ENDE!

Natürlich, oder da ich das alles schreibe gerade ich !!!

Hätte ich mehr auf meine Eltern gehört – nicht so viele Flausen, auch Mädchen später Frauen im Kopf gehabt – mehr gelernt und das geistige und sonstige Potential, dass ich von meinen Eltern bestimmt auch bekommen habe, genutzt….ja dann ?????
Ja, dann gibt's wieder tausend Möglichkeiten, wie mein Leben heute aussehen würde oder könnte – oder vieles wäre bestimmt leichter gegangen, oder ich wäre gesünder, fitter –oder ich hätte mehr Geld oder, oder…..
Die elementare Frage ist doch, ob ich heute noch glücklicher wäre?
Für mich gesprochen – eindeutig **NEIN!**
Warum? Ja, warum - dass ist doch klar!

Ich hätte nicht mehr ICH sein dürfen, müssen, können!

Ich war in der dritten Klasse, als wir in die größere Stadt zogen, in der mein Vati, die Rektorstelle antrat.
Ca, zu diesem Zeitpunkt, war die sogenannte Erhebung zur Stadt – schon irgendwie lustig.

Da eine neue Schule erst gebaut wurde, waren wir in einem alten Gebäude – wer weiß, wozu das Gebäude früher diente.

Vielleicht war es der gleichberechtigte Status neben Lehrer - als Pfarrer – vielleicht war es eine zu gut gemeinte emotionale Überreaktion oder, oder….auf jeden fall klatschte mir der zuständige Stadtpfarrer, am dritten oder vierten Tag nach dem Umzug eine anständige Watsche – warum oder wieso, weiß ich heute noch nicht.

Klar, weiß ich heute, dass manche – ja sogar viele, auf diese Art und Weise Ihre Zuneigung, Liebe , Emotionen zeigen oder zeigen müssen!? Oder ist es doch Machtgetue, blinder Hass, Neid? Aber doch nicht ein Pfarrer – leider gibt es da auch wieder keine Unterschiede von Menschen, Status und sozialen Schichten.

Bei Tieren und in der Natur, ist es normal und der Instinkt – fressen und / oder gefressen werden.

Was uns Menschen davon unterscheidet oder besser unterscheiden sollte, ist der Verstand und der Charakter und die Tatsache das Kinder, Tiere gleich gar nichts dafür können!

Auch ich bin nicht antiautoritär erzogen worden und ich habe unsere Kinder auch nicht soooo frei und ohne manche kleine körperliche Ohrfeigen erzogen, doch genauso wie bei mir -meinen Kindern, war oft ein tüchtiger Grund da und geschadet? Hat es nicht, obwohl manches Spuren im Unterbewusstsein und Herzen hinterlassen hat.

Heute weiß ´ich, auch bei Oskar, dass mit Liebe.- Verständnis – Güte…. oft viel mehr zu erreichen ist.

Doch da es wirklich penetrante Menschen gibt, die vor nichts zurückschrecken und sich mit eigenem Zurückziehen, Recht geben – nicht zufrieden geben und es persönlich wissen wollen – na gut, so heilig bin ich nun auch nicht – wenn,meine Liebe, meine Kinder …. ernsthaft bedroht werden, lange auch ich hin, bevor ich schaden nehme.

Notwehr nennt man das.

Ich war 11 Jahre und wir Rabauken waren wieder einmal mit unserer Oma & Opa in Italien, als ein Telegramm kam, dass wir ein Schwesterchen bekommen haben. Ehrlich gesagt – die Freude war groß und trotz schönem Urlaub, freuten wir uns, es zuhause zu sehen. Ein süßer Wonneproppen! Abgesehen, dass das Schwesterchen von uns Allen verwöhnt wurde, war die Erziehung schon etwas lockerer, als bei uns.

Jetzt muss ich Ihnen ein kleines Geständnis machen. Mein Opa sagte oft, im Spass,- Wislhare" - was soviel bedeutete, dass ich sehr aktiv, nicht hyperaktiv, wach und auch immer etwas übermütig war und auch noch bin,
Ich war im Gegensatz zu meinen Brüdern eher klein und schmächtig – um nicht zu sagen dürr – deswegen suchte ich damals, fälschlicherweise, jegliche Herausforderungen und Konfrontationen, um bei meinen Freunden, Mädchen Eindruck zu schinden. Ich machte vieles um kräftiger zu werden – bewegte mich

wie ein aufgeblasener Kraftprotz, obwohl ich wusste, dass ich fast immer als zweiter Sieger herauskam.
Ich wollte / musste ab der vierten Klasse, zusammen mit meinem Bruder, ins Gymnasium. Schulische Leistungen / wahres Interesse eher dürftig bis schlecht. Anerkennung durch die Lehrerfamilie – auch eher weniger bis sehr dürftig. Also, versuchte ich die Aufmerksamkeit und die Anerkennung durch gewisse Freunde durch Schabernacke, Mutproben und Aufmüpfigkeit zu erlangen.
Dem Mathelehrer unterm Pult, die Schuhbändchen öffnen – permanente Schülerschlägereien in den Pausen – Rauchen am Klo – Feuerlöscher probieren usw. - alles sehr zum Glücklichsein meiner Eltern .
Besonders meines Vaters , selbst strenger Rektor .
Die Sprechzeiten im Gymnasium waren ein Traum für meine Eltern.

Und wieder zuhause, wurde der Sprechstundentraum – traumhaft an mich weitergegeben.

Es gäbe noch viel zu erzählen und zu berichten, doch nach heutigen Erkenntnissen und Erfahrungen kann ich nur sagen:
Meine Eltern hatten Recht - wollten, wie viele Menschen auf der Welt nur das Beste !

Doch Druck erzeugt Gegendruck.

Interesse für was oder wen hat man oder auch nicht.
Wie später , bei meinen Kindern , Schule oder auch auch im Freizeitgebiet , kann ich was anbieten –

schnuppern lassen – doch selbst wenn es noch Kinder sind und ich nur das Beste für Sie will, werde ich Sie nicht glücklich machen, wenn Sie es nicht freiwillig gerne und mit einem gewissen, begeistertem Interesse von sich aus wollen.

Immer wieder fördern – auf etwas hinweisen „ja" – doch zu stark fordern. ist auch kein fördern!

Jeder Mensch legt seine Bahnen automatisch selbst fest.

Ein Fahrlehrer zeigt mir, wie ich am besten fahre oder fahren soll. Die Straße hat einen Orientierungsmittelstreifen und Begrenzungspfähle, wie auf der Straße des Lebens, die zu beachten sind. Fahrlehrer / Eltern zeigen es mir.

Eltern achten darauf, dass Ihr Kinder nicht unbedingt Raudis, Alkoholkranke oder Rauschgiftsüchtige werden – einen gewissen freundlichen Anstand und Grundcharakter haben und dann?

Ja, nichts dann, - dann geht's ab ins abenteuerliche, aufregende, selbständige Leben und es heißt Lernen, Fehler machen - Erfahrungen sammeln – und immer wieder Entscheidungen treffen. Falsche oder richtige – egal - wird sich immer erst später herausstellen, wenn ich mich ab zu selbst frage – habe ich erreicht was ich will? Zufrieden- Glücklich? Wenn ja, ist es gut – wenn nein, ist eine Kursänderung angesagt –neuer Versuch.

Verstehen kann man meist / immer das Leben nur rückwärts- nur leben muss es jeder vorwärts.

Denke das gilt genauso für das Private, wie für das Berufliche.

Doch es galt auch nicht immer für mich.

Freundlich, nett, hilfsbereit, verantwortungsbewusst schon ....doch das Beste aus sich herausholen – anstrengen – kämpfen - lernen ?

„Jain" – wenn es für mich interessant und lohnenswert war – wenn es mich begeisterte, faszinierte oder mir so erschien – oder wenn ich für mich dadurch was besseres für die Zukunft heraus sah – doch vor allem, wenn ich Mensch bzw. ich bleiben durfte.

Mich verbiegen für irgendwen oder was – kann ich zumindest nicht.

Nicht für Geld und nicht für die Liebe!

Irgendwie habe ich durch meinen Unfall, einen Starrsinn für Gerechtigkeit, auch soziale Gerechtigkeit und gleiche Chancen für Alle.

Nein, ich war schon immer so – der Mensch ist das wichtigste.

Das Leben ist ein Spiegel; wenn du hineinlächelst, lächelt es zurück!

Ich war kein super Gitarrespieler, doch ich hätte werden können. Warum nicht? Ich liebte trotzdem Gitarre spielen, denn da konnte ich auch unheimlich gut abschalten und vor allem träumen.

Tausende von begeisterten und tanzenden Fans –
und ich auf der Bühne, geliebt und gefeiert - Jimmy
Hendrix war ein Waisenknabe gegen mich.
Plötzlich lag mir mein Buch auf dem Gesicht und mein
Vater stand vor mir - Schei….doch nichts gelernt vom
halten des Lateinbuches und beim Träumen erwischt
worden.
Na ja das übliche, was halt Väter so sagen und
machen – Standpredigen und, und…
Warum gibt es unzählige Berufe – unzählige
verschiedene Sparten der Interessen und auch
Dienstleistungen? Nicht alle, nicht mal alle Berufe,
sind für das Allgemeinwohl förderlich und unbedingt
notwendig. Viele bieten nur Spaß und Unterhaltung
und bekommen komischerweise Anerkennung und
Geld dafür. Auch meine Eltern lesen viel – auch nicht
immer nur Fachzeitschriften – gehen ins Konzert und
sind begeistert, wenn sich da jemand besonders
einen abfidelt – Sport sowieso – Bergsteigerfilme und,
und ………und ich soll Latein lernen und was anderes
machen ,als mir liegt und wozu ich ,wie auch jeder
andere berufen ist? Gerecht oder ungerecht?
Damals gerecht! Denn außer Gitarre spielen,
rumblödeln – Sport machen – mit dem Luftgewehr auf
Zuchttauben schießen – Mädchen nachlaufen –
schwarz fahren – gelegentlich ne kleinere
Schlägerei………………………………………………………
………………………………………………………………………
……..wusste ich wirklich nicht, wohin ich mein Ei
legen sollte .
Heute ist es mir klar, dass es auch da nur wenige gibt,
die von Jugend an, eine klare Vorstellung haben, was

Sie wollen und was das Leben Ihnen bringen soll.
Motiv – kommt von Motivation, Begeisterung und Ziel
und danach eben die Tat – die Umsetzung, die zum
Erreichen des Ziels führt.
Das werden dann die Führungskräfte, Professoren,
Direktoren, Rektoren – bis hinauf in die höchste Politik.
Angesehene Menschen – doch wie ich zigfach später
langsam begriff, sah und erlebte – auch nur
Menschen, die trotz, vielleicht dickem Geldbeutel,
Status auch nicht so richtig glücklich waren.
Oder nehmen Sie, wenn Sie so richtig glücklich sind
E 605 ? Einige konnten Ihr Glück im Nirwana finden.
Da wir auf der Intensiv auch die Suizide behandelt
haben – entdeckte und erlebte ich auch viele solcher
Menschen, die bestimmt nicht glücklich waren. Die
Medien, gerade der höheren Gesellschaft plärrten und
plärren es täglich heraus und bekommen dafür? Na,
Money , Money . Scheinehe – Scheidung wegen dem
oder der – dem Präsidenten wurde einer geblasen
und, und . .. keiner will was von Unehrlichkeit,
Offenheit, Gefühlen und Liebe hören.

Wer ist naiv blöd?

Im Moment fühle ich mich „ saugut" und könnte mich
über diese Themata stunden und seitenlang
auslassen, bis der Speichel tropft und die Augen
leuchten, doch was mach ich?
Lächeln – vergessen und abtropfen lassen!!!
Ich kann und will es nicht ändern – es ändert nichts an
meinem Leben – Lebensqualität und letztendlich geht
es mir auch gar nichts an!

Alles sind nur destruktive, negative Meinungen und keiner kennt die wahren Gründe und Hintergründe – das WARUM – außer die Betroffenen selbst.

Also sag ich mir: Gernot - Klappe halten!

Gernot *lächel* ein damals noch unbekannter Name, der immer buchstabiert werden musste – ätzend !
Heute find ich Ihn schön und etwas besonderes.
Nicht nur, weil er aus dem Germanischen / Deutschen Sage stammt und auch bei Wagner in Siegfried vorkommt und auch nicht nur, weil er übersetzt Gefahr – Speer bedeutet, einfach so, weil er wie ich und viele andere außergewöhnlich ist und etwas verrückt klingt.

Keiner weiß so richtig, wer oder was wirklich verrückt ist.
Ich war und bin es gerne - etwas von der Norm
ver- rückt!
Das meine Art – meine Denkweise – Gefühlswelt nicht so ganz konform ging, mit den Vorstellungen meiner Eltern hinsichtlich Lehrerstatus und das es daher Konfrontationen genug und immer öfters gab, ist verständlich. Schuldzuweisungen sind Kindergarten & Ohnsorg Theater – siehe Politik und Gerechtigkeit.
Wer Recht hat ist auch ohne Belang – denn jeder hat recht, mit dem was er denkt, meint und davon überzeugt ist.
Sicherlich kann und sollte, jeder seine An - Einsicht zu Dingen – Menschen, wenn es sein muss täglich

ändern - wenn er einsieht, dass er unrecht hat oder einen Fehler macht – gemacht hat.
Wer hat den Charakter und die Courage? Sicher, gibt es viele ehrliche, aber halt nicht alle.

Abgesehen von vielen, die andere verletzen, morden usw.

Das ging dem lieben Gott und dem Universum so auf den Wecker, dass er mir und allen anderen, meinem bisherigen und zukünftigem Umfeld - eine zweite Chance gab.

Vieles der nachfolgenden Zeilen, kann ich nur aus den Berichten, hauptsächlich meiner lieben Eltern, erzählen.
Ich spielte, wie gesagt leidenschaftlich Gitarre. Nicht so gut, aber auch nicht sooo schlecht und das Beste daran war – man konnte träumen dabei – und das spornte an.
Geträumt haben sicherlich schon die meisten. Doch hier unterscheiden sich die, die sich nur nachts träumen trauen und die , die auch den Tag nützen, um etwas zu träumen usw. und die diese Gabe auch nützen, um neue Kraft zu schöpfen, für die normalen Herausforderungen des Alltags.
.Das sind die Positiven - mit Visionen.
Meine Eltern, speziell mein Vati, hatte es nicht leicht – seriöse, gewissenhafte und bestimmt liebe Eltern, aber doch irgendwie auf Leistung genormte Menschen und dann.....einen realistischen Träumer, der oft nicht hörte.

Das Problem des Hörens habe ich heute noch mehr, als früher – da musste ich. Heute kann ich mir es raus suchen ob und was ich hören darf, kann und will.
Ich höre nicht nur mit den Ohren, sondern oder vor allem mit Herz & Bauch.
So ist es auch nicht verwunderlich , dass meine derzeitige „Süße" , wie auch viele andere, die mir in einem bestimmten Ton gewisse Sachen oder Ihre beharrende Meinung reindrücken wollen, denken ich bin taub.
Ja, ich bin mittlerweile oft taub, gegen Negatives oder Schreckensmeldungen, die ja oft normal sind.
Können Sie mir nur einen Tag sagen, wo nichts, aber auch gar nichts passiert ist? Keine Geburten, die ja positiv sind – kein Verbrechen – keine Unfälle – keine Krankheiten - Tote – politischen Ereignisse - Umweltkatastrophen…..??

Ich warte??? Na, sagen Sie schon – vergessen Sie es! Jetzt kommt nicht die Fielmann Werbung, doch Sie werden keinen einzigen Tag finden!
Meine Ohren, die richtigen Töne zu finden - die Liebe zur Musik und mein Talent – meine Eltern solange zu nerven, bis Sie entnervt nachgaben. Das war ausschlaggebend, dass ich auch in einer Hobbyband spielte.
Unser Apotheker, in der Stadt, spielte selbst gerne Orgel, Klavier und hatte einen voll ausgestatteten Musikkeller. Ja raten Sie mal? Wir durften dort unten spielen und proben, wann wir wollten.
Einzige Bedingung - wenn er mal Lust hatte, ein paar seiner Lieder zu spielen, mussten wir mitspielen.

Das war kein Problem, denn dafür gab es Trinkerei und Zigaretten umsonst. Das wir uns da wohl fühlten war doch klar, oder?

Soviel ich weiß, spielten wir auch später bei dem etwas konservativem Stadtpfarrer, der mir früher eine Klatschte, zum ersten Mal eine Jazzmesse.

Beharrlichkeit zahlt sich doch aus und auch die Macht der Gedanken.

Solange ich im Krankenhaus und auf Intensivstation gearbeitet habe, dachte ich logisch auch oft an Menschen, die ich von früher kannte. Viele hatte ich später, dienstlich, unter meinen Fingern.

Waren es nette, angenehme Menschen, taten Sie mir immer etwas leid und die etwas negativeren taten mir auch leid, doch ich denke ja: wie und was man denkt, ausstrahlt – bekommt man auch zurück.

Unser zweiter Schlagzeuger und Bassist spielten mittlerweile in einer anderen Band und ob ich auch wechseln wollte, oder ob ich nur aus Spaß mitgefahren bin????? keine Ahnung. Für die Instrumente und Anlage hatte die Band einen alten VW –Bus. Der Bassist war der Fahrer und ich mit meinen 17 Jahren, Beifahrer.

Ich will nichts analysieren, oder alles in allen Einzelheiten erzählen, da ich es ja eh nur aus Erzählungen sagen könnte (wie bei vielen Zeitungsschreibern & Tratschern) sage ich nur – **es kommt auch täglich vor.**

Wir hatten einen Frontalzusammenstoß – unser Bassist war der Unfallverursacher.

Der andere war tot und ich wurde rausgeschleudert und schwer verletzt. Der Fahrer erlitt leichte Rückenverletzung.

Die Leidtragenden und die Menschen, die dadurch Sorgen hatten, waren hauptsächlich meine Eltern, Geschwister, Verwandte, Freunde…………Ich hatte es gut, denn ich wusste ja erstmal gar nichts davon, da ich die ersten 6 Wochen bewusstlos war. Gut gell? Das, wie ich später erfuhr, meine Eltern, mich die ersten Wochen, nicht einmal sehen durften – schon schlimm für Sie!

Das ist, war und wird immer der positive Wendepunkt / Schlüsselerlebnis in meinem Leben bleiben.

Warum? So wie ich vor dem Unfall war, wäre es sicherlich nicht mehr lange „gut gegangen". Meine, zwar für andere positive Art, doch die Tatsache, dass ich nicht mehr ich war – mich verstellte, um anderen zu gefallen – trotz sportlicher Aktivitäten Schindluder auch mit meinem Körper trieb – Rauchen …..

Natürlich war es „in, wenn man schon in einer Band spielte und sich mit Jimmy Hendrix verglich, dass man auch mal einen Joint rauchte und, und ….das hätte den Bach runtergehen müssen!!!

Trotz Bewusstlosigkeit – Stammhirnverletzung- rechtsseitiger Lähmung - Sprachverlust….und vielen tränenreichen Ereignissen, war es bis heute nur positiv und ich bin dankbar ohne Ende!!!

Das viele „ Schei .." und auch negatives , bis heute, dabei ist - ist wahrscheinlich jedem klar.

Warum ich es trotzdem als positiv empfinde?

Ganz einfach. Wahrscheinlich hatte ich eh ein zu großes Stammhirn, denn nun erkannte ich wieder die **eigentlichen Werte** – die vielen schönen Dinge des Lebens, der Natur und vor allem der Menschen und durfte lernen, wenn man das negative weg lässt, dass es eigentlich NUR schön ist und so auch das Leben nur schön ist. Dankbarkeit und die Sichtweise!

Was ich seitdem alles erleben durfte und konnte – der **reine Wahnsinn!**

Noch behindert, durfte ich, durch Beziehungen meines Vaters, in einer großen Einrichtung für Schwerstbehinderte – Contergan, Polio …, wo ich eigentlich nicht hingehörte, meinen Realschulabschluss nachmachen.

Wenn Sie sich vorstellen endlich wieder in der Familie zu sein – nur ein kleines Denken haben – sich mit dem Reden und Laufen usw. noch sehr hart tun – rechts nicht mehr schreiben noch sonst was können und dann schnellstmöglich, alleine, in diese Einrichtung in

eine große und weiter weg entfernte Stadt müssen –
Leicht oder schwer???
Klar, war es kurzfristig nicht so einfach für mich.
Doch die Tatsache, dass ich dort viel schlimmeres sah
und erlebte – das ich vielen sogar helfen konnte – das
Rücksicht genommen wurde und ich mich schulisch
und körperlich rehabilitieren und üben konnte…..das
alles lies mich wohlfühlen und ich kam mir , gegenüber
den Mitinsassen, gesund vor und machte es leichter
bzw. leicht.
Es ist der eine Wahnsinn, was diese oft schwerst
behinderten Menschen, für einen Lebensmut, Lachen
und positive Ausstrahlung hatten. Events jeglicher Art,
wurden besucht und, und…
Da ich mittlerweile auch die Rollstühle schieben
konnte, brauchte ich für die Events, als Begleitperson,
keinen Eintritt zahlen.
Außer meiner eigenen Rehabilitation - meiner
eigenen Behinderung, hatte ich was gefunden, was
half und **Sinn machte.**
Man wählte mich sogar einmal als zweiter Vorstand in
den eingetragenen Verein „INTEG" – was soviel heißt
wie: Integration solcher Menschen in die
Normalbevölkerung und deren privaten und auch
Arbeitswelt.
Sicherlich wird gerade hier viel gespendet, unterstützt
und auch erreicht, doch die wirklich, gefühlvolle ,
ehrliche und echte Anerkennung??? Gefühlswelt?
Mal ehrlich – von den meisten „a bisserl scheu und
abstoßend, da Sie nicht daran denken, morgen schon
selbst dazugehören zu können.

Ich könnte noch ein Buch von diesem, für mich mit entscheidendem, Schuljahr schreiben.
Ich fühlte mich dort wohl, und nachdem es dort auch Frauen gab, war die Welt in Ordnung. Eine dort feste Verbindung – Liebe entstand und diese Frau zog auch für fünf Jahre zu mir, nachdem ich schon Krankenpfleger lernte. Es funktionierte halt nach ca. 5 Jahren nicht mehr. Schlimm? **Nein** !
Nur wenn ich alles so ernst und als Weltuntergang sehe. Alles ist schön und Trennungen, Verluste, gerade von geliebten Menschen, tun immer etwas weh.
Es gibt Sprichwörter ohne Ende, doch „a bissl Wahrheit" ist auch da immer dran.
Zeit heilt Wunden und, und ….solange ich nie vergesse, dass ich dankbar bin – jetzt und heute leben, ja leben darf.
Wenn man einen Todesfall und ähnliches so gedanklich behandelt - dass man dankbar ist für die Zeit , die man mit dem oder der verbringen durfte und das man Personen , Tiere überhaupt kennen, genießen, schätzen lernen durfte , wird die Sache leichter .

Es ist der Bindestrich – der Bindestrich ist die Zeit zwischen Geburt und Tod.

Auch ich habe viele erlebt – dienstlich viele, mit Erfolg, reanimiert – glauben Sie das juckte die Menschen? Respektlos, ja fast normal geben alle Menschen früher oder später den „Löffel" ab.

Kennen Sie Einen oder Eine, die oder der unsterblich ist?
Also, was soll das ganze, oft übertriebene Getue?

Kinder sind da eine Ausnahme – das ist das schlimmste – gerade wenn ein eigenes Kind vor einem gehen muss.

Umso wichtiger ist, denke ich, wie mein Bindestrich – mein Leben ist oder war und wie es, irgendwann, die noch Lebenden in Erinnerung haben – wie Sie mich in Erinnerung behalten.

Also, ich brachte mich so weit, dass ich bereits ein Jahr später, als Pfleger zum lernen anfing. Sagte ich das schon einmal? Egal, sage ich es eben nochmals. Das das Ergebnis auch nur mit großer Hilfe meiner Eltern, Geschwister, Freunde und, und …..so aus schaute, ist auch klar!
Denken Sie nur, was ich für ein Glück hatte – ich durfte , zwar mit hundertmal mehr Übung, dafür bewusster, wieder laufen ,reden usw. lernen.
Sie können jetzt lachen, es ist nichts mehr so, wie früher – doch ich, der Gernot, entwickelte auf einmal mehr Ehrgeiz und „jetzt erst recht" - als in meinem ersten Leben.
Nach einigen Fehlversuchen, lernte ich meine damalige Traumfrau(es folgten noch ein paar) kennen, mit **nur der** ich meine Beiden, mittlerweile erwachsenen lieben Kinder, bekam.

Was ich in den vielen Jahren mit meiner Exfrau und den zwei Süßen erleben durfte – meinen Sie, dass ist selbstverständlich?

Es ist auch nicht selbstverständlich, dass meine Exfrau und ich, trotz Schichtdienst jedes Alter, unserer Kinder, voll genießen und miterleben durften und das noch sporadisch heute!

Zugegeben, konnte man sich auf mich verlassen – ich erledigte meine Aufgaben – so spielerisch, aber auch verantwortungsbewusst wie nötig – zwischendurch packte mich der Ehrgeiz , doch auch nie so ,dass ich der Beste sein wollte oder musste.

Nach 14 Jahren Intensivstation, setzte ich mich,trotz zwei kleinerer Kinder – Ehe und einem neu gebauten Haus, nochmals auf die Schulbank und machte eine zusätzliche zwei Jahre andauernde Ausbildung für Intensivmedizin – Fachpfleger. Anerkennung der Klinik? Ein müdes Lächeln und ein Händedruck, aber das war unwichtig. Wichtig war, dass ich es für mich und die Patienten machte – wir profitierten.

Ich lernte wieder hart, nebenbei, einige Sportarten zu betreiben , wie Volleyball ,Tennis, lief Marathons – zeitmäßig unter „aller Sau" , doch ich kam immer ans Ziel und machte später auch , zusammen mit meinen Kindern , Kickboxen. Meine „Zwei" waren super, wie in vielen anderen Disziplinen auch, und spornten mich an.

Ich, der früher schon zum Haare waschen einen Dammschnitt benötigt hätte – ich, der anfangs beim Seilspringen nicht eine Umdrehung schaffte – ich, der einen Gleichgewichtssinn , wie ein Betrunkener hatte – ich der gelenkig war, wie ein Betonsäule und, und

….aber wissen Sie was ? Gerade in dieser Sportart hatte ich Lehrer – Schwarzgurte und sonstige Kämpfer/Freunde- die mich immer aufbauten und motivierten nie aufzugeben - **und das schaffst Du.** Sie lachten nie über mich, obwohl ich bestimmt oft genug wie ein Clown aussah und mich auch so anstellte. Mit vielfachem Training mehr, lernte ich auch das einigermaßen. Es reichte zum Grüngurt. Wissen Sie, dass ich dadurch unheimlich selbstsicherer – selbstbewusster – zufriedener und glücklicher wurde? Mir geht es und ging es nie darum, was andere besser können, haben und erreichen. Mir und hier und im gesamten Leben geht's ums eigene Erreichen der persönlich gesteckten Ziele – um das eigene Zufrieden und Glücklichsein!

Denke, um das werden oder sein zu können, muss man ehrlich zu sich und auch anderen sein.

„Spuker", gibt es in allen Bereichen und sozialen Schichten, Berufen genug!

Ich denke, wenn man alles so positiv einfach und menschlich sieht, wie es geht, ist es super!

Alles geniale ist einfach und daher von Allen auch erlern und erreichbar!

Selbst heute kann ich, bei entsprechender Übung und Leistungsbereitschaft, immer noch kleinere Erfolge an mir verbuchen.

Und was sagte der damalige Chef, bei meiner Entlassung aus dem Krankenhaus?

Herr Schiener, Ihr Sohn wird immer behindert bleiben!

Schon damals durfte ich lernen, dass es meine Entscheidung ist und das es hauptsächlich an mir -

meinem Willen und auch Glauben liegt, was ich aus meinem Leben mache oder machen will.

Visionen - Liebe – der eigene Wille ist stärker, als „vielleicht-Gelaber" und Meinungen.
Ich erlebte es lange genug live und habe vor den meisten Ärzten und anderen Menschen auch große Hochachtung, doch trotz allem stellen Sie nur Diagnosen und die Prognosen kommen von????
Oben ! Suchen Sie sich etwas, woran Sie glauben oder wovon Sie überzeugt sind, dass es sich lohnt daran zu glauben.
Nur machen Sie mir einen Gefallen!

Vertrauen und glauben Sie am meisten an sich selbst und Ihre Fähigkeiten, es lohnt sich und Sie können es!!!

Nur wer weiß was er will, kann kriegen was er will und der es nicht weiß, was er will – wird bekommen was er nicht will – so einfach ist das!

Nachdem ich ja seit 2001 schon aus dem Krankenhausdienst draußen bin – ein gewisses passives Dauereinkommen habe , aber mir trotzdem noch Ziele stecke und noch brenne, mein Zukunft positiv verändern möchte – Träume, Visionen habe – vor ca. 11 Jahren MLM nebenberuflich kennenlernte - seit ca. 3 Jahren zufrieden glücklich meine jetzige Liebe kennenlernte und immer noch zusammen bin,

bin ich voller Elan und Zuversicht, dass es jeden Tag in jeglicher Hinsicht, nur besser werden kann und wird. In dem Wirtschaftssystem MLM kann ich allen Menschen helfen, die es ernsthaft wollen und Vertrauen zu mir haben. Hier muss ich keine Menschen benützen, um mein Geschäft aufzubauen, sondern ich kann – darf und soll die Firma benützen, um Menschen aufzubauen – Möglichkeiten und Perspektiven geben und das fair, leistungsgerecht und im Team mit menschlichen Werten, ist das nicht super??? Ein leistungsgerechtes System – 100%ig funktionierend für jeden, sich ein vererbbares monatliches Dauereinkommen – Zusatzeinkommen – Erbe hinterlassen – Rente selbst zu bestimmen = Freiheit aufzubauen, doch wer will das schon!
Das ist nur für „verrückte", wie ich einer bin.
Einer dem es auch Spaß macht, etwas gegen den „Massenstrom" zu schwimmen!
Alles hat seinen Preis und der Preis ist heiß, denn der Preis ist Zeit & Geld = LEBEN!

Das Leben ist eine Prüfung, aber es ist trotz allem wunderbar, am Leben zu sein – darum ist es der Mühe wert, es heiter und weiter zu versuchen.

Geh gelassen deinen Weg inmitten von Lärm und Hast und denke daran, wie friedvoll es in der Stille sein könnte. Stell dich so weit wie möglich gut mit allen Leuten, ohne dich aufzugeben. Sprich die Wahrheit, ruhig und klar – und höre anderen zu, selbst den Schwerfälligen und Unwissenden – auch sie haben ihre Geschichte. Meide die Lauten und Aggressiven – sie sind eine Qual für deinen Geist....Genieße deine Errungenschaften genauso wie deine Pläne. Bewahre dein Interesse an deinem Fortkommen, wie bescheiden es auch sei – es ist ein reeller Besitz in den Wechselfällen des Lebens. Übe dich in Vorsicht mit deinen Geschäften, die Welt ist voll von Trickbetrügern. Lass aber nicht zu, dass du blind für die Tugend wirst....Nimm freundlich den Rat der Bejahrten an, sei offen für die Belange der Jugend. Nähre die Kraft deines Geistes, um dich für die Schicksalsschläge des Lebens zu wappnen. Aber sorge dich nicht wegen Vermutungen. Viele Ängste werden aus Erschöpfung und Einsamkeit geboren. Über gesunde Disziplin hinaus, sei liebevoll zu dir selbst. Du bist ein Kind des Universums, nicht weniger als die Bäume und die Sterne – du hast ein Recht hier zu sein.

Und ob dir das klar ist oder nicht, das Universum breitet sich aus, wie es vorbestimmt ist. Darum lebe in Frieden mit Gott und was immer deine Arbeit und deine Ziele sein mögen – die laute Verwirrung des Lebens, halte Frieden mit deiner Seele. Trotz aller Heuchelei, Plackerei und zerbrochener Träume, es ist eine wundervolle Welt. Sei fröhlich.

Kämpfe um dein Glück!
(Autor unbekannt)

Wohlstand ist ein Zustand, kein Haben- oder Soll-Betrag! Es ist ein Zustand, der durch mehrere Faktoren beeinflusst wird wie materielle Sicherheit, geistiges Wachstum und ein gesundes menschliches Umfeld. Wohlstand ist weit mehr als nur Geld! Er beschreibt Ihr zukünftiges erträumtes Leben!

Optimismus führt zu wahrem Reichtum

Was nutzt es Ihnen alles zu besitzen, wenn Sie nicht glücklich sind?

Optimismus ist eine wichtige Voraussetzung, damit Sie sich **wohlfühlen**.
Nehmen Sie sich die Zeit, dankbar zu sein. Eine wichtige Eigenschaft in Verbindung mit Optimismus ist **Dankbarkeit**.
Machen Sie sich bewusst, was für Sie wichtig ist. Denken Sie klar darüber nach, was Ihnen im Leben wichtig ist und wofür Sie dankbar sind.
Wenn Sie dies tun, haben Sie eine Grundlage, um sich **jeden Tag zu freuen**!
Das ist echter Optimismus. Morgens aufzustehen und zu sagen: **"Heute wird ein großartiger Tag".**

Euer

Gernot & Oskar

Herstellung und Verlag:
Books on Demand GmbH
ISBN 978-3-8370-7787-2